I0083388

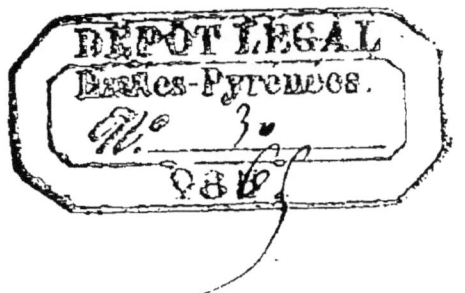

GUIDE

DU TOURISTE ET DU BAIGNEUR

A CAUTERETS,

A S^{T}-SAUVEUR ET A BARÈGES.

TARBES, IMPRIMERIE DE J.-A. LESCAMELA.

GUIDE

DU TOURISTE ET DU BAIGNEUR

A CAUTERETS

A Sᵀ-SAUVEUR

ET A BARÈGES

Descriptions,
Les Eaux, leur Thermalité, leur Spécialité,
Promenades, Excursions,
Noms des Guides, Tarif des Courses,
Altitudes, etc.

PAR

A.-J. LESCAMELA

TARBES

J.-M. DUFOUR, LIBRAIRE-ÉDITEUR.

1865

GUIDE

DU TOURISTE ET DU BAIGNEUR

A CAUTERETS

A Sᵀ-SAUVEUR ET A BARÈGES

I

TARBES

Lorsque, au mois de mai, le printemps a recouvert la terre du manteau diapré de la végétation, le touriste, en débarquant à Tarbes, peut distinguer parfaitement les hautes cimes des Pyrénées, dont la chaîne va s'allongeant, à droite vers l'Océan, qui baigne ses derniers monticules aux plages de la Galice en Espagne ; à gauche vers la Méditerranée, du côté de Perpignan, où les monts, presque aussi hauts qu'au centre de la chaîne, semblent avoir été brusquement coupés par la mer.

A cette époque, l'hiver n'a pas encore abandonné tout-à-fait la montagne, et elle offre par cela même une certaine beauté ; les gorges profondes dessinent leurs coupures noires à travers les pics que la neige recouvre encore d'une couche glacée, et cette neige, qui scintille et resplendit au loin en se dissolvant sous l'action du soleil, offre au voyageur surpris un des plus imposants tableaux de la nature. Mais au commencement de juin les dernières traces de l'hiver ont toutes disparu ; les grandes forêts, les taillis, la bruyère ont repris leur verdure, un gazon émaillé de petites fleurs blanches, interrompu souvent par des saillies de gros blocs de roches sèches, tapisse le flanc des montagnes, les hameaux se repeuplent, de nombreux troupeaux apparaissent sur les hauteurs : le bêlement de l'agneau succède alors aux cris des animaux féroces ; le mouvement de la vie se manifeste partout dans ces lieux naguère inhabités. Pour le touriste, c'est le moment du départ.

Le chemin de fer de Bordeaux, qui court

directement vers le centre des Pyrénées,
décrit, à deux kilomètres avant d'entrer en
gare à Tarbes, une longue courbe, une
espèce de demi-cercle allant de l'ouest à
l'est : à mesure que le train s'avance plus
doucement sur cette courbe, qui aboutit à
un point parallèle aux Pyrénées, le voyageur, comme un chef qui galope au front
d'une armée, voit l'imposante chaîne des
montagnes se développer à ses yeux dans
toute sa vaste étendue. C'est un tableau
magnifique, incomparable, qui saisit d'é-
tonnement quand on le voit pour la première
fois ; et pour ceux-là même qui l'ont constamment sous les yeux, c'est et ce sera toujours, comme un immuable reflet de la
grandeur de Dieu, l'objet d'une constante
admiration.

Mais au sortir du wagon, arrêtons-nous
un moment et contemplons sans nous pres-
ser le splendide panorama qui se déploie
autour de nous : c'est un tableau qui défie
le pinceau de l'artiste ; c'est la nature dans
ce qu'elle a de plus tendre et de plus majestueux : une immense plaine enrichie de

toutes les beautés de la végétation, bordée
à l'est, au nord, à l'ouest, par des coteaux
boisés et ayant pour perspective au midi le
merveilleux amphithéâtre des Pyrénées ;
c'est une page de la création dont l'ensemble et les détails sont bien faits, certes,
pour charmer l'âme et captiver les sens.

Nous sommes ici au cœur de la Bigorre,
au milieu de la plaine de Tarbes, de cette
plaine si fertile que l'agriculteur peut lui
demander à son gré le froment, le seigle,
le sarrasin, l'orge, le maïs, le lin, le millet,
l'avoine, les légumes de toute sorte, un vin
exquis, des fourrages abondants et très
recherchés, des bois pour le chauffage, la
charpente ordinaire et la marine ; enfin,
grâce à l'abondance et à la bonne qualité
de ses fourrages, la plaine de Tarbes, où
l'agriculteur a toutes les commodités pour
se livrer aux spéculations de l'industrie
chevaline, fournit chaque année à la Remonte militaire un notable contingent de
chevaux pour nos régiments de cavalerie
légère.

Ainsi que vous pouvez le voir, de lon-

gues lignes d'aunes et de peupliers traver-
sent la plaine dans des directions diverses,
marquant autant de canaux qui s'épanchent
des principaux cours d'eau du pays pour
le service des usines ou de l'irrigation des
prairies ; ces cours d'eau sont : l'Adour,
qui prend sa source dans les montagnes de
Bagnères ; le canal Alaric, dérivé de l'A-
dour ; l'Echez, qui vient aussi de la montagne ; la Gespe, qui emprunte ses eaux à
l'Adour pour aller les verser dans l'Echez
après un assez long parcours.

Ce serait ici le cas de tracer à grands traits
l'historique de la ville de Tarbes. Nous
l'essaierons, sans rien conjecturer pourtant
d'elle et du pays antérieurement à César.

La Bigorre, on le sait, fut elle aussi sub-
juguée par les légions romaines, qui ont
laissé dans nos localités thermales, comme
dans la plaine, des traces de leur passage ;
et le nom de *César*, que porte depuis cette
époque l'une des principales sources de
Cauterets, semble indiquer que la vertu de
nos eaux thermales était connue même
avant l'arrivée des Romains.

Au IIIe siècle, Tarbes était la capitale d'un des neuf états de la Novempopulanie.

Plus tard la Bigorre éprouva les horreurs qui marquaient en tous lieux le passage successif des Vandales, des Sarrasins, des Normands.

L'un de ces terribles envahisseurs, Alaric, roi des Wisigoths, a pourtant laissé dans ce pays un souvenir impérissable de sa sage administration : il creusa un canal qui prend ses eaux dans l'Adour, près de Bagnères, et qui traverse en la fertilisant la plaine de Tarbes. Ce canal porte encore aujourd'hui le nom de son fondateur.

Nous voudrions pouvoir en dire autant des Sarrasins, ne fût-ce que pour leur donner une parole d'absolution. Devons-nous leur attribuer l'introduction dans ce pays d'une espèce de blé nommé sarrasin, qu'on cultive dans certaines parties du département ? Rien d'utile, à part cela, n'aurait été fait par eux. Au lieu de créer ils détruisaient, et le pays eut beaucoup à souffrir de leur présence. La Bigorre, le Béarn, et tous les peuples montagnards virent, en effet, l'innombrable armée d'Abdérame, débouchant par tous les cols des Pyrénées, se répandre comme un ouragan sur le pays, qu'elle mit au pillage, et s'avancer ensuite avec la même cruauté jusqu'au cœur de la France. Charles Martel arrêta dans sa marche cette armée de sauvages, la tailla en pièces, et force fut aux bandes éparses qui échappèrent à la mort de reprendre le chemin des Pyrénées ; ce fut pour nos populations le renouvellement des mêmes calamités. Dans la Bigorre ils s'emparèrent de quelques forts, notamment de celui de Lourdes, que nous ferons bientôt connaître au lecteur, et, ainsi appuyés à des places fortifiées, ils jetaient la désolation dans tout le pays. C'était à tel point que les Bigorrais, avec les seules ressources de leur courage, résolurent de s'en débarrasser à tout prix. Un prêtre, nommé Missolin, se mit à la tête de tout ce que la contrée avait d'hommes valides ; cette armée de nouvelle espèce, qui ne connaissait pas de tactique, mais qui avait la ferme volonté de vaincre, aborda les Maures dans les positions qu'ils avaient choisies des deux côtés de la route de Cauterets, que nous suivrons bientôt. La lutte ne fut pas longue, mais elle fut terrible. En quelques heures, les Maures furent culbutés, enfourchés, hachés. Ce fut un carnage horrible, disent les historiens. Ce combat eut lieu dans le mois de mai 733.

D'autres combats partiels, opiniâtrément livrés, forcèrent enfin les Maures, partout vaincus, à repasser les Pyrénées.

Ici le lecteur nous permettra une courte digression.

En 777, l'émir de Saragosse, voulant s'affranchir du calife de Cordoue, offrit à Charlemagne de se reconnaître son vassal, s'il consentait à l'aider dans cette entreprise. Le grand roi dirigea aussitôt vers les Pyrénées deux corps de troupes qui traversèrent la chaîne : l'un par les Basses-Pyrénées, vers Roncevaux (Espagne), l'autre par les Pyrénées-Orientales. Disons en passant que l'armée de Charlemagne renversa tous les obstacles et mena à bonne fin les projets de l'émir. A son retour, l'armée éprouva un revers, revers fortuit et cruel, et c'est à ce fait que se rapporte la légende de Roland à Roncevaux. Le gros des troupes avait franchi le port sans encombre ; mais l'arrière-garde, que commandait Roland, fut surprise par un parti d'Arabes, qui, du haut des montagnes, faisait rouler au fond des gorges, sur les troupes de l'infortuné chevalier, des troncs d'arbres, des blocs de roches et d'énormes cailloux, ce qui rendit la retraite impossible. Roland, furieux, escalade une montagne et donne du cor pour appeler l'armée à son secours ; il sonne si fort que les veines de son cou se rompent. Le malheureux alors, s'apercevant qu'il va bientôt mourir, prend sa terrible épée, la porte en pleurant à ses lèvres, et, pour qu'elle ne demeure pas intacte aux mains d'un ennemi qu'il abhorre, il cherche à la briser en en frappant le roc... Par trois fois donc la durandal, brandie avec la frénésie du désespoir, retombe avec une force inouïe sur le sommet de la fatale roche... mais, ô merveille ! l'épée résiste, et c'est la montagne qui se divise en deux parties que sépare un abîme profond. L'épée fut lancée au fond de l'abîme....

Dans les excursions à la montagne, les guides de Cauterets et de Barèges ne manquent jamais de raconter au touriste la légende de la Brèche-de-Roland. Cette montagne s'élève tout près du Marboré, ou cirque de Gavarnie, l'une des plus grandes beautés de la chaîne pyrénéenne.

Mais la légende de la Brèche-de-Roland, merveilleuse comme le sont toutes les légendes, a un grand défaut pour celui qui connaît le pays : c'est la confusion des lieux. Roncevaux est à une grande distance de Gavarnie, et nous voudrions savoir comment il s'est fait que le fameux coup de durandal, porté à Roncevaux, ait taillé la montagne à vingt lieues plus loin. Nous aimons la légende quand elle est simplement merveilleuse : un incendie qui éclaterait à Orléans ne saurait brûler le palais des Tuileries, même dans une légende ; la nôtre ne sortirait point des limites ordinaires si les historiens avaient placé la reraite de Roland au col de Gavarnie, ce qui pourrait bien, après tout, n'être pas une erreur historique, car il y a une vérité au fond de toutes les légendes : c'est l'indication précise d'un lieu. Or, nous avons plus de foi dans la légende qui nous fait voir l'arrière-garde de Charlemagne à Gavarnie qu'en des écrits postérieurs qui nous la veulent montrer à Roncevaux. Où sont les écrits contemporains de cette époque ? S'il n'en existe pas, l'histoire n'est plus qu'une simple conjecture, et dans ce cas la légende, quant à l'indication du lieu, doit lui être préférée.

Reprenons le fil de notre histoire.

Un siècle à peine s'était écoulé depuis l'expulsion des Sarrasins, la Bigorre s'était relevée de ses ruines, lorsque au IXe siècle les Normands vinrent à leur tour l'accabler. Leur apparition fut d'autant plus terrible qu'ils n'étaient point guidés par l'esprit de conquête : ils n'avaient d'autre but que d'amasser des richesses, et ils n'étaient pas scrupuleux quant au choix des moyens. La Bigorre fut donc encore une fois pillée, brûlée, bouleversée.

Après l'incorporation de la Novempopulanie sous Clovis, la Bigorre dépendit tour à tour du roi de France, du duc d'Aquitaine, du duc de Gascogne, jusqu'au IX° siècle, où elle fut érigée en comté.

A la mort du comte titulaire, en 1283, cinq compétiteurs à la souveraineté suscitèrent de telles difficultés que Philippe-le-Bel, pour trancher le litige, annexa la Bigorre à la France.

En 1360, le traité de Brétigny la donne aux Anglais. Le peuple subit l'autorité anglaise, mais ne s'y soumit point ; le roi de France reprit bientôt ses droits, et, en 1425, Charles VII désigna Jean de Foix comme légitime héritier du comté de Bigorre.

Froissard, qui visita Tarbes en 1388, la décrit ainsi : « Tharbes est une belle ville et « grande, étant en plein pays et en beaux vi- « gnobles ; et y a ville, cité et chastel, et tout « fermé de portes, de murs et de tours... »

En 1493, les domaines de Foix passèrent dans la maison d'Albret ; ils furent ainsi incorporés au royaume de Navarre, en attendant que Henri IV fît de la Navarre elle-même une province française.

Mais avant d'en arriver à cette heureuse fin, la Bigorre avait encore à supporter de cruelles misères.

La guerre à outrance que se faisaient au XVIᵉ siècle les catholiques et les protestants eut longtemps pour théâtre les principales villes de la Bigorre. Tarbes paraît être le point qu'ils se disputèrent avec le plus d'acharnement. Prise et reprise plusieurs fois sans succès décisif, elle n'offrait aucune sûreté pour les habitants, qui résolurent de s'en éloigner. Enfin, le capitaine catholique Bonasse y pénétra avec huit cents hommes et s'y enferma avec une partie des habitants que leur confiance en ce chef avait ramenés. Le courage devait ici être vaincu par la perfidie. Une nuit, à l'heure convenue, un traître ouvre une poterne : les protestants tombent à l'improviste sur les malheureux catholiques. Bonasse et les siens opposèrent une résistance désespérée et se firent tuer jusqu'au dernier homme. Il semble que ce massacre d'un millier de soldats devait, en ensanglantant la ville, mettre un frein à la fureur des assaillants. Hélas ! il n'en fut

point ainsi. Non contents d'avoir pris la
ville par trahison et d'avoir massacré des
troupes régulières hors d'état de se défendre
convenablement, les partisans de Jeanne
d'Albret se ruèrent sur les habitants et se
livrèrent à un épouvantable carnage : hommes, femmes, vieillards, enfants, tout tomba
sous les coups de ces forcenés, qui n'étaient
pas des Sarrasins, qui peut-être même avaient
d'anciens amis, des parents parmi les victimes, mais qu'aveuglait en les rendant in-
sensibles à tout sentiment humain, la plus
funeste des passions.

O les passions religieuses !

O les passions politiques !

Que peut-on penser que firent ces hommes
quand leur frénésie ne trouva plus de pâture? ils furent conséquents jusqu'au bout:
ils rasèrent les fortifications, saccagèrent
les maisons, après quoi, tout couverts d'un
sang innocent, ils aßandonnèrent Tarbes,
qui n'était plus qu'un amas de ruines, sans
même se donner la peine d'ensevelir les
morts. Or, ils ne laissaient derrière eux absolument que des morts. Ils étaient là, ces

milliers de cadavres, toute la garnison, toute la population, baignés dans leur sang qu'une même mort avait confondu, comme une même croyance les confondait eux-mêmes, pleins d'espoir et de vie, quelques heures auparavant !

« Il fallut la crainte de la contagion pour leur procurer la sépulture et pour les préserver de devenir la pâture des bêtes fauves et des oiseaux de proie. Ce fut vers les fêtes de Pâques de l'an 1570 que les habitants des communes voisines procédèrent à cette triste cérémonie. Ils comblèrent de cadavres les puits et les fossés, et ils employèrent à ce travail huit jours consécutifs. » (1)

La *Saint-Barthélemy* n'était peut-être pas même en projet à ce moment-là, et jamais un crime ne saurait justifier un autre crime. Sous aucun point de vue, d'ailleurs, il faut le dire, le massacre de Tarbes ne peut être comparé au massacre général organisé par Catherine de Médicis. Mais il se produisit à la suite d'un fait de guerre accidentel et

(1) L. Deville, *Etudes historiques sur Tarbes.*

honteux ; aucune raison ne nécessitait, rien n'autorisait une conduite qui dépassât les limites ordinaires d'une lutte entre deux partis face à face. Nous disons donc que si les mêmes atrocités ont accompagné partout les succès passagers du parti calviniste, les instigateurs de la Saint-Barthélemy avaient de bons prétextes pour employer les moyens inouïs que l'on connaît, moyens si odieux, si terribles, que dans quelques localités les représentants de l'autorité royale refusèrent de les employer. Tels furent : Montmorency, dans l'Ile-de-France ; de Charny, en Bourgogne ; de Longueville, en Picardie ; de Joyeuse, en Languedoc ; et à Bayonne, tout près de Tarbes, et où le désir des représailles aurait séduit un homme vulgaire, le vicomte d'Orthez fit au roi cette noble réponse : « Sire, j'ai communiqué les ordres « de Votre Majesté aux habitants de la ville ; « mais je n'ai trouvé que de braves soldats « et pas un bourreau. »

La ville de Tarbes demeura trois ans ensevelie sous ses ruines. L'herbe, dit une chronique du temps, croissait dans les rues comme dans un pré. Qui aurait pu légalement prendre possession de biens devenus vacants par la mort des propriétaires? Cependant, petit à petit, une nouvelle population se forma ; si elle n'a jamais relevé les remparts et les tours, elle a constamment travaillé à aligner les rues, à agrandir les places, à planter les promenades. Trois siècles nous séparent de cette triste époque, et aujourd'hui, à la place de cette pauvre cité tant de fois ruinée, nous avons une charmante ville de troisième ordre, sans autre prétention que celle de sa situation au milieu d'un beau pays, sous un ciel d'azur, en face des Pyrénées.

Les rues de Tarbes sont toutes macadamisées et bordées, de chaque côté, de petits ruisseaux d'eau vive, ce qui permet de les arroser et de les tenir en parfait état de propreté.

La ville est divisée en trois paroisses ; elle a quatre églises : à l'ouest, l'église cathédrale, avoisinant le palais épiscopal et l'hôtel de la préfecture ; au centre, l'église St-Jean ; à l'est, celle de Ste-Thérèse, ou des Carmes ; à égale distance de Ste-Thérèse et de St-Jean s'élève un clocher simple et blanc : c'est l'église du couvent du St-Nom-de-Jésus ; elle est de construction toute récente.

La cathédrale, communément appelée La Sède, est bâtie sur l'ancien fort de Bigorre, dont l'origine est attribuée aux Romains. Cette église, dit un archéologue distingué (1) est une « œuvre harmonieuse du XIIme et du XIIIme siècles. » Si l'extérieur de l'édifice n'offre rien de très-remarquable, l'intérieur mérite toute l'attention de l'archéologue. « Sur la coupole du transept, dit le même auteur, nous trouvons toute la grâce des heureuses inspirations du premier style ogival... »

L'église St-Jean, d'après M. Cénac-Moncaut, est « une église gothique de la fin du XIVme siècle » ; mais un examen approfondi de la tour du clocher et certaines particularités de l'architecture intérieure ne lui permettent pas de douter que l'édifice

(1) M. Cénac-Moncaut, *Voyage archéologique et historique dans l'ancien comté de Bigorre.*

actuel ne soit que l'agrandissement d'une ancienne chapelle du XIIe siècle, contemporaine de la grande tour.

L'église Ste-Thérèse a remplacé un ancien couvent de carmes, fondé en 1282 par Vital de Bazillac, et qui fut brûlé par les soldats de Montgomméry, à l'exception toutefois du clocher, qui a dû résister à la torche ennemie. L'édifice actuel est imité du XIVe siècle. L'intérieur est orné de plusieurs grands tableaux, copies très heureusement réussies des meilleures œuvres des maîtres : la paroisse les doit à un de ses concitoyens, M. Lagarrigue, artiste aussi modeste qu'habile ; on y remarque aussi un baptistère, beau par sa simplicité, surmonté d'une charmante statuette : c'est aussi l'œuvre d'un artiste de Tarbes, Joseph Nelli, dont le ciseau délicat a concouru à l'édification du nouveau Louvre et que la mort a prématurément enlevé à notre ville et aux arts.

Après les édifices religieux, il n'est pas sans intérêt pour le touriste de visiter le lycée, l'école normale, l'hospice. le palais d⸱

justice, la villa Fould, qui se dérobe à la vue sous des massifs de verdure, son vaste domaine, son établissement hippique ; le quartier de cavalerie, l'un des plus beaux établissements de ce genre, et, enfin, le haras impérial, qui, sous tous les rapports, est digne de remarque.

Mais en dehors de tout cela, la petite ville de Tarbes possède un joyau que lui envient beaucoup de grandes villes : c'est le Jardin-Massey. Ce n'est pas un simple square comme on en voit dans quelques villes, et le nom de jardin des plantes qu'on lui a donné n'est point un titre prétentieux : sa superficie est de quatorze hectares.

Paris et Trianon exceptés, il est sans égal en France, au dire des voyageurs. A ce titre, le touriste lui devrait une visite, s'il ne se devait à lui-même de lui consacrer quelques heures.

Ce jardin a été créé par un modeste et noble enfant de Tarbes, Placide Massey, qui fut l'ami de Ramond et qui dirigea pendant quarante années les jardins impériaux de Versailles et de Trianon.

Par son esprit d'ordre et d'économie ,
Massey avait amassé une fortune considérable ; il en consacra une partie à l'achat de
ce vaste emplacement, que sa vigilance eut
bientôt transformé. Il vivait modestement
dans cet Eden qui était son œuvre, et déjà
il avait jeté les fondements du Musée quand
les atteintes de la mort se firent sentir. Il
légua alors à la ville de Tarbes cette petite
merveille qui porte aujourd'hui son nom,
et la ville s'applique avec une pieuse solli-
citude à l'entretien et au complet aménagement de ce précieux héritage.

Quel délicieux séjour !... Ces voûtes de
feuillage d'où le soleil est banni, mais où
des myriades d'oiseaux chantent du matin
jusqu'au soir ; ces longues allées ayant des
rangées de pin sylvestre à la bordure, pour
perspective les Pyrénées , et aboutissant
à d'autres allées, mais celles-ci tellement
couvertes à la voûte et aux côtés, qu'on se
figure, en y pénétrant, une large trouée
percée dans les fourrés d'une forêt vierge ;
ces vastes pelouses, où s'étalent, comme
autant de brillants sur une riche parure, le

sequoïa sempervirens, le sequoïa gigantea, le liquidambar, le sophora et le néflier du Japon, le cratægus, le magnolia, l'yucca, l'if, l'aubépine rose, l'arbre de Judée, les cèdres deodora, de Virginie, du Liban ; ces berceaux de verdure où le laurier cerise et le laurier de Portugal font tous les frais d'une architecture idéale ; ces corbeilles diaprées, jetées dans l'herbe des pelouses et autour desquelles voltige sans cesse l'essaim diapré des papillons et des insectes ; ces méandres fleuris qui se croisent, se recroisent et se croisent encore pour former une immense rosace dans la vaste étendue du jardin ; ces étroits sentiers au milieu d'épaisses haies d'arbustes en fleur, d'où la brise se dégage suave et parfumée ; ces massifs de rhododendron où dominent le tulipier , le marronnier rose, le bouleau, l'araucaria ; ces touffes de calmia ; ces hautes tiges d'arbres exotiques ; ce bassin où se mire la tour, où s'ébattent les cygnes ; ces ruisseaux d'eau limpide, ces ponts, ces ronds-points, ces fourrés, ces clairières, toutes ces beautés de détail composent un admirable ensemble de

richesses naturelles qui sollicite également,
par son intelligente disposition, le jeune
homme et le vieillard, l'homme d'affaires
et le poëte, le philosophe et le savant. C'est
un séjour aimable et tranquille, où l'homme
s'isole, pense, rêve, réfléchit, observe,
pleure ou prie tout à son aise. Le paradis
d'Eve avait sans doute des limites plus
étendues, mais il n'y a certainement ici
ni moins de beauté ni moins de poésie.

Un vaste bâtiment a été construit au fond
du jardin : il est surmonté d'une tour en
briques qui s'élève, svelte et hardie comme
un minaret, du sein de la verdure. L'édifice
reçoit en ce moment ses dernières appro-
priations ; il est divisé en deux parties : au
rez-de-chaussée se trouve le musée de sculp-
ture, encore incomplet ; au premier étage
le musée de peinture, celui-ci en parfait
état d'installation ; on y remarque de belles
toiles, qui sont autant de dons de S. M.
l'Empereur, de S. Exc. M. Achille Fould,
de M. Achille Jubinal, député, et d'autres
personnages amis des arts et amis du pays.
Il y a aussi dans les salles latérales du

premier étage diverses collections d'anti-
quités, de minéraux, d'histoire naturelle,
mais encore à l'état de formation, à cause
de la jeunesse du monument. La tour est
destinée à l'établissement d'un observatoire.

A part quelques autres belles promenades
comme le Maubourguet, où se plaisent les
oisifs qui aiment le va-et-vient des voitures ;
le Prado qu'affectionnent les âmes contem-
platives et rêveuses ; les Allées-Napoléon,
qui relient la ville au grand-quartier, promenade superbe plantée en quinconce, où
s'élève la statue de l'illustre Larrey (1), où
s'ébattent, sur l'herbe fine, à l'ombre des
tilleuls, toute une génération de petits
enfants ; à part ces promenades, Tarbes

(1) Jean-Dominique Larrey, chirurgien en chef
des armées de l'Empire, était un enfant des Hautes-
Pyrénées. La France et l'armée lui élevèrent en
1850 une statue qui fut placée dans la cour du
Val-de-Grâce, à Paris. C'est la Société académique
des Hautes-Pyrénées qui, sur la proposition d'un
homme de cœur, M. Adam, prit l'initiative pour
l'érection du monument que Tarbes possède aujourd'hui. La statue, en bronze, est posée sur un
beau piédestal en marbre ; elle est l'œuvre de
M. Badiou de La Tronchère.

communique avec la campagne par une foule de petits sentiers qui fuient des quatre points cardinaux de la ville et donnent ainsi à son séjour un agrément tout particulier.

Aussi, voit-on toutes les années, non pas les grandes familles étrangères, qui trouvent dans Pau notre voisine un meilleur débouché pour le trop-plein de leurs bourses, mais beaucoup de petits rentiers venir demander à la modeste Tarbes les bienfaits de son soleil et de sa tranquillité.

Au reste, par sa position topographique, Tarbes voit arriver tous les ans dans son sein les nombreux convois de baigneurs et de touristes qu'amènent les lignes de Toulouse, d'Agen et de Bordeaux, qu'on aille à Cauterets, à St-Sauveur, à Barèges, à Bagnères-de-Bigorre ou à Bagnères-de-Luchon. C'est vers ce point que convergent ces trois grandes voies de communication pour quiconque aime à suivre la voie la plus courte. Il doit en être ainsi naturellement pour le touriste aussi bien que pour le malade, car il ne lui servirait de rien, avant d'entrer à Tarbes, de prendre le sac, la gourde et le bâton.

C'est à Tarbes que commence pour l'artiste le voyage pédestre. C'est là aussi que les baigneurs prudents font toujours une halte obligée à l'aller comme au retour des eaux : à l'aller, pour se remettre un peu des fatigues d'un long voyage et prédisposer le corps, par un plus grand repos, à la plus grande efficacité des eaux ; au retour, parce qu'au sortir du régime balnéaire cette efficacité serait grandement contrariée par une brusque agitation du corps. C'est assez, c'est quelquefois trop pour le baigneur de faire d'un seul trait la longue étape de Cauterets à Tarbes. Il est encore et surtout alors sous l'action bienfaisante des eaux, et il ne doit pas, sans transition, s'exposer à une fatigue qui pourrait avoir pour résultat d'affaiblir, s'il ne les détruisait pas, les bons effets de son séjour à la montagne. A son retour, le baigneur doit donc s'arrêter encore un jour ou deux à Tarbes. Il trouvera dans les hôtels le confortable nécessaire, et il y a des hôtels pour toutes les bourses ; il trouvera d'ailleurs dans les agréments qu'offre la ville, ne fût-ce qu'au Jardin-Massey, cette tranquillité, cette sérénité de la nature qui contraste si heureusement avec les effrayantes beautés de la montagne, et qui fait coïncider très-utilement le repos de l'esprit avec le repos si nécessaire du corps.

II.

DE TARBES A CAUTERETS

Mais avant de revenir, aurait dit maître La Palisse, il faut d'abord partir.

Partons donc, et promptement, car l'impatience se lit déjà sur toutes les physionomies : il est huit heures, le ciel est pur, le soleil est déjà haut, la brise matinale nous convie. Fouette, fouette, cocher ! mets-nous vite en plein soleil, en rase campagne, afin que, plus active et plus libre, une vivifiante atmosphère nous pénètre de toutes parts ! Oh ! quelle est belle, sur cette route, la perspective des Pyrénées ! et que le voyage en ces lieux a d'attraits pour tout le monde ! Le touriste, émerveillé, abasourdi, charmé, contemple et ne sort de son extase que pour se demander s'il est bien vrai qu'il soit possible à l'homme d'escalader ces

pics, dont la cime perce au-dessus des
nuages. Et le malade, comme le chercheur
d'or qui s'émeut à la découverte d'un filon
trop longtemps caché, le malade, impres-
sionné par la beauté du site, fortifié déjà
par la vivacité de l'air, éprouve une indi-
cible émotion... Il a douté de la science ; il
a douté des hommes qui s'appliquent à la
posséder et à l'étendre dans l'intérêt de l'hu-
manité ; mais rien qu'à voir la majesté des
lieux où la science l'envoie, l'espoir lui est
déjà revenu : il sent qu'au milieu de cette
nature phénoménale qui ne se voit nulle
autre part, il n'est pas étonnant d'y trouver,
pour combattre un mal terrible, le remède
qui ne se trouve non plus nulle autre part.
Peu à peu sa conviction s'affermit et en
même temps la joie renaît dans le cœur du
pauvre malade. Et quelle douce joie... Ah !
ce qu'il cherche, ce n'est pas un filon d'or :
il donnerait volontiers tout l'or de la terre
pour trouver ce qu'il cherche, la santé...
Et la santé, ce bien si précieux, il va la
recouvrer infailliblement là, sous ces rochers, au sein même de la nature, car il pos-

sède désormais l'élément originel de tout succès, l'élément qui participe à la tranquillité de l'âme aussi bien qu'à la guérison du corps : il a la volonté, il a la foi.

Dès qu'on a quitté Tarbes, on passe, sans les voir, bien qu'ils soient peu éloignés de la route, entre les villages d'Odos et de Bénac : c'est à Odos que mourut, en 1549, Marguerite de Valois, reine de Navarre, surnommée par les poètes contemporains la *Dixième Muse;* son château, devenu la propriété du général Courby de Cognord, a été restauré par lui dans le style primitif; sa veuve l'habite aujourd'hui. — De celui de Bénac, il n'en reste plus que la légende. En 1248, Bos de Bénac faisait partie de cette malheureuse croisade où le roi Saint-Louis, avec une grande partie de l'armée, tomba au pouvoir des Musulmans. Il dit adieu à sa *dame*, jeune femme d'une rare beauté, qui se désolait et ne voulait pas le laisser partir. Comme gage de fidélité réciproque, il rompit l'anneau du mariage, en prit une moitié, laissa l'autre à l'inconsolable épouse, et partit tout marri. Six ans après, le roi et l'armée rentraient en France, mais le sire de Bénac ne reparut point au castel ; nul non plus n'en put donner des nouvelles, et il y avait dans le pays un baron des Angles, chevalier de bonne mine, éperdûment amoureux de la châtelaine, à laquelle il s'était en vain présenté pour lui faire *plaisir d'amour*. L'absence inexpliquée de Bos de Bénac avait naturellement fait supposer qu'il était mort. Par un fait inexplicable aussi, Bos, au contraire, était encore en Palestine. Un soir, le diable se présente à lui : « Bos, lui dit-il, ta femme épouse ce soir le baron des Angles ; donne-moi ton âme, et incontinent je te transporte à Bénac. — Mon âme est à Dieu. — Donne-moi alors ton cœur. — Il appartient au roi ; mais je te donnerai les restes de mon souper... » Lucifer accepte, enserre aussitôt dans ses griffes le pauvre sire, franchit comme un trait les plaines et les mers, et dépose le chevalier ébahi dans la grande salle du château, où une foule de gentils-hommes et de nobles dames participaient à un splendide festin... C'était en effet le

repas des noces du chevalier des Angles
avec la belle châtelaine, qui s'était enfin
laissé vaincre et avait déjà bien des fois
prié pour l'âme de son époux... Bos, il faut
en convenir, avait grand tort de n'être pas
mort quand il avait tant fait pleurer de si
beaux yeux. Il décline son nom : on lui rit
au nez et on le hue ; il présente la moitié
de l'anneau : on le traite d'imposteur. Les
serviteurs eux-mêmes ne veulent pas le reconnaître. — Lors, qu'on m'amène mon fidèle
levrier, dit-il avec dépit. A la vue de son
maître, la bonne bête lui lèche les mains,
fait mille bonds à ses pieds, et seule lui
prodigue des démonstrations de joie. Les
convives alors se séparent et Bos se met à
table. A la fin du repas, il offre à Satan,
qui attendait dans un coin le prix de son
pacte, un plat de noix qui restait. Le diable
alors, pendant qu'éclate un grand coup de
tonnerre, s'enfuit en s'élevant perpendicu-
lairement à travers les planchers et en fai-
sant dans le mur, à la hauteur de la toiture,
un trou que jamais les maçons ne purent
fermer.... On dit qu'après cela la triste

châtelaine alla s'enfermer dans un couvent
et que Bos se fit moine. Cette légende est
résumée dans les vers suivants, qui étaient,
dit-on, gravés sur la cheminée de la grande
salle du château :

Ayant resté sept ans captif en Terre-Sainte,
Le démon en une heure à Bénac m'a porté.
Mais, déclarant mon nom, on me taxe de feinte
Pour courir à l'hymen : quelle déloyauté !
Je fais voir mon anneau, mon lévrier j'appelle,
Et c'est le seul témoin que je trouve fidèle.
Démon, ce plat de noix payera ton transport,
    Et je vais dans la solitude
    Me guérir, songeant à la mort,
De ce que ton emploi me fait inquiétude.

La route que nous parcourons va nous
initier à la vue des précipices et des accidents
de terrain, auxquels il faut dès aujourd'hui
nous habituer. La distance que nous avons
franchie est à peine de quatre kilomètres et
déjà, après avoir traversé sans le voir le lit
de la Gespe, nous descendons une côte assez
rapide, bordée d'un haut talus à gauche, et
ayant sur sa droite une profonde excavation
qui va s'amoindrissant à mesure que la pente
disparaît. Nous entrons dans le village de
Juillan que nous traverserons au galop. Ne

vous en effrayez pas : pour peu que vous ayez voyagé, vous devez savoir qu'un temps de galop suit toujours la descente d'une côte. C'est une habitude que les chevaux ont contractée à l'école des postillons, et ceux-ci ont un bon moyen de leur rafraîchir la mémoire toutes les fois qu'en pareil cas ils se laissent aller à des réflexions gastronomiques à la vue de « l'herbe tendre ».

Nous avons ainsi lestement parcouru trois autres kilomètres, et nous nous trouvons au milieu du champ de bataille où les Bigorrais, dans un combat solennel, vinrent disputer le pays aux Maures qui le ravageaient après la défaite d'Abdérame. A droite, sur le bord de la route, s'élève tout-à-coup, en forme de cône applati, un monticule couronné d'un bouquet d'arbres : c'est *Lanne-Mourine* (la lande des Maures), c'est-à-dire l'endroit où ils s'étaient appuyés pour combattre et pour mieux résister, grâce à l'avantage de la position, à l'élan patriotique qui devait pour ainsi dire les anéantir.

Il y a de cela onze cent trente-deux ans. La tradition en perpétue le souvenir, et la pioche du travailleur a maintes fois mis à découvert des ossements dont la présence en ce lieu ne laisse aucun doute à cet égard.

Là-bas, à droite, au fond de la lande, ce monticule boisé qui domine la petite ville d'Ossun est un camp romain, qu'on appelle camp de César, et qui paraît avoir conservé sa physionomie primitive ; il domine de tous côtés la plaine, et sa plate-forme est ombragée par un bois de chênes. — On a découvert récemment, près du camp, sur le plateau de Pandelles, où s'élevait, dit-on, jadis, la demeure des grands-maîtres de Malte, une rangée de tombeaux superposés et parfaitement cimentés : c'est, à n'en pas douter, un ancien cimetière de ces grands-maîtres. Un ouvrage d'art digne de remarque aussi, c'est un vaste et très profond bassin qui date des anciens seigneurs d'Ossun (ducs de La Force) : il sert de réservoir à un moulin pour les temps de sécheresse, et ne contient pas moins de 300000 mètres cubes d'eau. La distance est d'environ trois kilomètres. Le touriste peut donc, s'il l'a déjà vidée, aller remplir sa gourde à Os-

sun. Pourquoi n'y déjeunerait-il pas aussi?
Qu'il ne croie pas, cependant, que nous
voulions, comme Alexandre Dumas , lui
préparer avec le bout de la plume une ro-
mantique omelette ; mais il y a à Ossun des
œufs frais, et du jambon qui, pour n'être
pas de Bayonne, n'en a que plus de succu-
lence et plus de finesse. Avec une tranche
de jambon et deux œufs frits dans le jus,
l'on improvise un excellent repas. Tenez-
vous pour dit seulement que si vous allez
à Ossun un vendredi, il faudra, pour obte-
nir qu'on vous serve des aliments gras,
exhiber les pièces justificatives de votre
qualité de voyageur et d'étranger. Ah ! que
voulez-vous ! ici l'on n'oublie pas le caté-
chisme.

La route, à mesure que nous approchons
de Lourdes, serpente à travers une campagne moins belle. De loin en loin, quelques
blocs schisteux montrent leurs déchiru-
res , comme pour préparer le passant à
la vue de tableaux plus sévères. Tout-à-
coup, le chemin se détourne en s'inclinant
vers un bas-fonds : voilà Lourdes ; un peu

à droite, le roc escarpé qui supporte le fort ; derrière ce roc, le Gave rapide qui court vers le Béarn, pour aller se confondre avec l'Adour un péu en deçà de Bayonne, où ils se jettent réunis dans la mer.

Lourdes, d'après tous les auteurs, est une ville très ancienne. Etait-elle déjà fortifiée quand les Romains parurent dans ces contrées ? toujours est-il qu'ils l'occupèrent, comme elle a été successivement occupée depuis par les Vandales, les Wisigoths, les Francs, les Vascons, les Sarrasins ; par Charlemagne, les Albigeois, les Anglais, les huguenots et les catholiques.

Transformé en prison d'Etat à diverses époques plus récentes, le château de Lourdes a entendu les imprécations de maintes victimes de l'intrigue ou de nos dissensions politiques.

Si le touriste ne croit pas devoir s'arrêter à Lourdes pour visiter ce fort qui vit les piques de César, un autre motif le retient, et réclame une journée de halte : nous voulons parler de la grotte miraculeuse où la Sainte-Vierge est apparue plusieurs fois à une jeune fille de Lourdes, Bernadette Soubirous, alors âgée de quatorze ans.

C'était en 1858. Depuis lors, une source jaillissait plus abondante en cet endroit, où il n'y avait précédemment qu'une mare bourbeuse, et plusieurs cas de guérison s'étaient, disait-on, produits par l'usage de l'eau de la Grotte.

Cependant, l'autorité ecclésiastique hésitait à intervenir; mais le calme de Bernadette Soubirous; l'imperturbable assurance qu'elle apportait dans ses assersions; le bruit de guérisons miraculeuses, de plus en plus répandu, décidèrent Monseigneur l'évêque de Tarbes à nommer une commission à l'effet de recueillir tous les renseignements nécessaires pour tirer enfin une conclusion de cet ensemble de faits, surnaturels selon les uns, simplement naturels d'après les autres.

La conclusion qui est sortie des recherches de la commission, c'est l'affirmation des dires de Bernadette, affirmation corroborée par l'opinion de MM. les docteurs Dozous, de Lourdes, et Vergez, d'Esquièze, qui déclarent que les cas de guérison soumis à leur appréciation et obtenus par l'usage de l'eau de la grotte ne peuvent être naturellement expliqués, et qu'ils revêtent un caractère surnaturel. (1)

Dès lors, plus de doute. Le 18 janvier 1862, un mandement de Monseigneur de Tarbes proclama le miracle.

La Sainte-Vierge ayant dit à la jeune fille : « *Je veux qu'on me bâtisse une cha-* » *pelle en cet endroit* », la piété des fidèles, tant à l'étranger qu'en France, a pourvu aux besoins qui naissent de cette volonté, impérieusement exprimée.

Les travaux sont depuis longtemps commencés, et il est probable que la flèche de l'*Immaculée-Conception* indiquera bientôt elle-même au passant le nouveau sanctuaire chrétien.

En attendant, une belle statue de la

(1) M. Filhol, professeur de chimie à la Faculté de Toulouse, résume ainsi l'analyse qu'il a faite de l'eau de la Grotte : « Cette eau ne renferme » aucune substance active capable de lui donner » des propriétés thérapeutiques marquées. Elle » peut être bue sans inconvénient. »

Vierge, en marbre, et dans l'attitude qu'elle prit au moment du miracle, a été placée à l'endroit même de l'apparition, à une hauteur d'environ trois mètres.

La Grotte est située sur le bord du Gave (rive gauche), en aval du fort et à environ demi kilomètre de la ville. C'est un antre peu profond, creusé à la base d'un gros rocher qui fait saillie vers la rivière. On y descend par un sentier en zig-zag.

Le malade pourrait, aussi bien que le touriste, s'arrêter à Lourdes ; peut-être l'eau de la Grotte le dispenserait-elle d'aller plus loin. Mais comme on ne s'adresse à la souveraine autorité que quand les moyens ordinaires ont été épuisés, nous l'engageons à reprendre avec nous le chemin des thermes. D'ailleurs, l'avis du médecin est formel à cet égard.

En sortant de Lourdes, l'on s'engage sensiblement dans la montagne.

La route, au début, est triste, monotone, et même un instant effrayante ; tantôt elle court à travers des carrières d'ardoises, des blocs de roche détachés, et tantôt, con-

tournant les flancs de la montagne, elle
effleure l'abîme au fond duquel mugit le
Gave. Mais ce pénible parcours dure peu ;
c'est à peine si l'on s'en aperçoit, car la
vallée de Castelloubon offre aussitôt son sol
plane et régulier (1). L'œil voit de loin en
loin, sur le bord du chemin, de vieux pans
de mur ruinés par l'âge : c'étaient, d'après
Chausenque, des tours dont les Romains
se servaient pour un système de signaux.
Plus on avance, plus l'horizon s'élargit, et
insensiblement la magnifique vallée d'Argelés se présente à l'admiration du voyageur. La vigueur de la végétation, le pit-

(1) Dans la vallée de Castelloubon, à quinze kilomètres en delà de Lourdes, se trouve le village
de Gazost, qui possède des sources minérales et
sulfureuses (12° à 14° centigrades). Ces sources,
longtemps négligées, sont en pleine vogue aujour-
d'hui : elles alimentent un établissement très bien
tenu et très fréquenté, et trouvent en outre dans
l'exportation un débouché considérable. Cette eau
est très efficace pour la guérison des plaies. Le
site, comme partout dans la montagne, est très
pittoresque. Pour se rendre de Lourdes à Gazost
on suit la route impériale jusqu'au premier pont ;
on laisse le pont à droite, et on prend à gauche
le chemin de Gazost. On peut y aller en voiture.

toresque des sites, la beauté des points de vue, le Gave, harmonisant sa course avec la sérénité de la vallée, qu'il traverse nonchalamment en lui prodiguant le trésor de ses eaux, comme une artère dans un corps vivant, tout ici vous saisit, vous ravit, et vous enchante. Mais la meilleure description serait pâle à côté du tableau : il faut voir la vallée d'Argelés pour apprécier le charme de sa beauté.

La ville est bâtie au centre de la vallée. Argelés est le chef-lieu du troisième arrondissement des Hautes-Pyrénées, et distant de Lourdes de 13 kilomètres. L'autorité est partagée entre les deux villes : la sous-préfecture est à Argelés, le siége du tribunal est à Lourdes. Argelés communique directement avec les Eaux-Bonnes et les Eaux-Chaudes par la route thermale à travers la vallée d'Azun.

Quatorze kilomètres nous séparent encore de Cauterets. Sur cette route, qui monte doucement à travers les premiers contreforts de la montagne, le voyageur est sans cesse heureusement distrait ou vivement impres-

sionné. Au sortir d'Argelès, l'attention se
fixe sur l'église de St-Savin, qu'on aperçoit
de loin, à droite, sur une éminence. C'était
autrefois le fort Emilien des Romains. Plus
tard, un ermite alla s'y réfugier, et Charlemagne y fonda une abbaye que les Normands détruisirent au Xe siècle. Réédifiée
presque aussitôt par Raymond Ier, comte de
Bigorre, elle devint très riche et exerça
des droits sur toutes les églises de la vallée.
La royauté de 1789 l'entraîna dans sa chute.
L'archéologue ne peut manquer de visiter
l'église de St-Savin. Une belle habitation
occupe l'emplacement de l'ancienne abbaye.
Le site est admirable.

On quitte St-Savin, et l'on voit bientôt apparaître, au sommet d'un mamelon, la chapelle de Piétat. L'antiquité de l'édifice et la
beauté du site engagent également l'archéologue et le touriste. C'est un des plus beaux
points de vue des Pyrénées.

Une habitation délabrée se montre à
côté de Piétat : c'est le château de Miramont,
qu'habita le poète béarnais Despourrins,
dont les chants, pleins de verve et de grâce,

sont encore et plus que jamais en honneur dans le pays.

De l'autre côté du Gave, en face de Miramont, se dresse, sombre et ruiné, sur une roche isolée, le donjon du château féodal de Beaucens, qui commande le pays. Beaucens était la résidence ordinaire des vicomtes de Lavedan, qu'une branche indirecte reliait à la maison de Bourbon. Plus tard il appartint aux Rohan-Rochefort, qui le conservèrent jusqu'à la Révolution. Il est aujourd'hui la propriété de Son Excellence M. Achille Fould, et, par conséquent, à l'abri du marteau des démolisseurs.

Nous touchons à Pierrefitte, où s'embranche, à droite, la route qui conduit à Cauterets. Cette dernière partie du trajet est émouvante au plus haut point ; une crainte involontaire ne tarde pas à dominer le voyageur ; il n'a plus d'autre préoccupation que celle de sa situation présente, et dans son cœur il implore la sauvegarde de Dieu. En effet, la route, taillée dans le roc, monte vigoureusement à travers le flanc de la montagne, qu'elle contourne jusqu'à son sommet, en bordant par sa gauche et sur tout ce parcours, le précipice au fond duquel le Gave roule avec fracas dans la voie trop étroite où son cours l'a jeté.

Du haut de la côte de Pierrefitte, le point de vue est magnifique ; il s'étend sur tout le Lavedan, la vallée d'Argelés, le beau coteau de Davantaïgue, la plate-forme de Beaucens, et plonge enfin, là, tout près, mais à une énorme profondeur, sur Pierrefitte et le Gave.

La route s'engage ici dans une gorge étroite, obscure et d'un aspect sauvage ; elle est resserrée entre deux montagnes très hautes, ayant toujours l'abîme ouvert à sa gauche jusqu'aux approches de la côte du Limaçon, où l'on traverse le Gave, qui descend ensuite à droite, et à une plus grande distance de la route.

Il semble qu'au fond de cette horrible gorge une montagne va fermer le passage ; mais une entaille hardie, habilement pratiquée, grimpe en zig-zag jusqu'au point où une autre gorge, moins sévère et moins triste, vient se nouer à la côte du Limaçon et nous ouvrir insensiblement un horizon plus vaste. De vertes prairies, des champs cultivés, quelques cabanes se montrent de distance en distance. Déjà l'on aperçoit le Mamelon-Vert, sur la droite, au-delà du Gave, qui ne gronde plus depuis qu'il court à travers la verdure. A gauche se dessine la masse des grands arbres du Parc ; et, en face, une montagne prodigieusement haute, Péguère, paraît marquer la limite du monde ; mais ce n'est que la limite de notre voyage, car enfin nous pouvons saluer le riant bassin de Cauterets qui apparaît tout-à-coup devant nous.

III.

CAUTERETS.

L'origine de Cauterets, c'est-à-dire de ses premières sources reconnues salutaires, — comme celle de César, — remonte à une époque antérieure à la conquête romaine. Comment étaient-elles régies, à qui appartenaient-elles dans les premiers temps de leur découverte? c'est ce que l'on ne sait pas et ce que, du reste, il importe peu de savoir. Toujours est-il que plus tard, par donation de Charlemagne, elles devinrent la propriété des moines de St-Savin, qui les conservèrent jusqu'en 1790, ce qui semble indiquer qu'avant l'acte de donation elles demeuraient inutilisées et dans un état de complet abandon.

La renommée des eaux de Cauterets y attirait de loin en loin quelques grands personnages, comme Sanche-Abarca, roi d'Aragon, Marguerite de Navarre, et d'au-

tres, que le soin de leur santé rendait in-
différents aux fatigues du voyage, lesquelles
étaient pourtant bien grandes dans ces
temps où, même quand on avait un bon
véhicule, on n'était pas toujours sûr de
trouver des chemins praticables.

En l'année où la spirituelle sœur de
François Ier se trouvait à Cauterets, sur-
vint un orage si violent qu'il détruisit toutes
les cabanes et mit la population dans la
nécessité de s'enfuir. Après bien des misères et des dangers, la reine de Navarre
arrive enfin au monastère de St-Savin. C'est
elle-même qui va nous donner les détails
de ce périlleux voyage, avec cette finesse
et cette grâce qui rehaussaient tant la beauté
de sa personne :

« ... Or, advindrent des pluies si mer-
» veilleuses et si grandes, qu'il semblait
» que Dieu eût oublié la promesse qu'il
» avait faite à Noë de ne plus détruire le
» monde par eau.

» Après avoir chevauché tout le jour,
» nous advisâmes un clocher, où le mieux
» qu'il nous fut possible (non sans effort

» et sans peine) arrivâmes, et fûmes de
» l'abbé et des moines humainement reçus.
» L'abbaye se nomme Saint-Savin ; l'abbé,
» qui était de fort bonne maison, nous
» logea fort honorablement, et, nous con-
» duisant à son logis, nous demanda de
» nos fortunes. Après qu'il eut entendu la
» vérité du fait, il nous dit que nous n'étions
» pas tout seuls, car il avait en une autre
» chambre deux damoyselles qui avaient
» échappé grand danger ; car les pauvres
» dames, à demi-lieue deçus de Peyrchitte,
» avaient trouvé un ours descendant de la
» montagne, devant lequel avaient pris
» course à si grand haste, que leurs che-
» vaux à l'entrée du logis tombèrent morts
» sous elles. Puis, quand nous voulûmes
» nous départir de là, l'abbé nous fournit
» des meilleurs chevaux qui fussent en
» Lavedan, de bonnes capes de Béarn, de
» force vivres et de gentils compagnons,
» pour nous mener sûrement par les mou-
» tagnes, lesquelles passées plus à pied
» qu'à cheval, en grande sueur et travail,
» arrivâmes à Notre-Dame de Sarrance. »

Depuis cette époque, le pauvre bourg de Cauterets, grandissant avec sa renommée, s'est insensiblement transformé en un séjour des plus aimables ; et aujourd'hui que les chemins de fer ont fait disparaître les plus grandes difficultés du voyage, ses établissements thermaux, ses hôtels, ses villas suffisent à peine aux besoins d'une population flottante qui revient chaque année plus nombreuse. Cauterets ne peut donc manquer de s'agrandir encore : c'est sa destinée ; et la nature, si avare d'espace dans ces régions, lui a départi de vastes limites qu'il atteindra certainement dans un avenir prochain.

LES EAUX.

Les eaux thermales de Cauterets appartiennent, dit M. le docteur Drouhet, à la classe des *eaux sulfureuses naturelles*. Elles sont limpides, incolores, et d'une transparence parfaite. Leur thermalité s'élève de 29 à 61 degrés centigrades.

Les eaux de Cauterets sont divisées en trois groupes principaux :

Sources de l'Est,

Sources de l'Ouest,

Sources du Midi.

Les sources de l'Est sont : *César-Nouveau*, les *Espagnols*, *Pauze-Vieux*, *Pauze-Nouveau*, *César-Vieux*, *Le Rocher*, *Bruzaud*, la *Saline* et *Rieumizet*.

———

Les eaux de CÉSAR-NOUVEAU et des ESPAGNOLS ont été amenées au centre de la ville et aménagées dans le vaste bâtiment qui s'élève sur la place des Espagnols et qui s'appelle le Grand-Etablissement.

Deux buvettes sont établies au centre de l'édifice ; à droite sont les eaux des Espagnols, à gauche celles de César-Nouveau.

Chacune de ces deux sources alimente douze baignoires, six petites douches dites du Centre, une grande douche n° 1, une grande douche n° 2, et une buvette.

Température : César-Nouveau, 48° cent. les Espagnols, 47° centigrade.

———

PAUZE-VIEUX, PAUZE-NOUVEAU et CÉSAR-VIEUX s'élèvent sur le plateau du Pic-des-Bains, où conduit un large chemin en pente, mais bien tenu.

PAUZE-VIEUX se présente le premier. Il entretient une buvette, une grande douche verticale, deux douches de force moyenne, quatorze douches dites du Centre, et quatorze baignoires.

Sa température est de 45° centigrade.

—

PAUZE-NOUVEAU fournit à une buvette, à une douche écossaise, à une douche ordinaire et à dix baignoires.

Sa température est de 47° centigrade.

—

CÉSAR-VIEUX est la source la plus renommée de ce groupe, et par la qualité de ses eaux et par son ancienneté, qui remonte, ainsi que son nom l'indique, à la conquête des Gaules par les Romains.

Il n'y a dans cet établissement qu'une buvette, et elle est très fréquentée. L'eau de César-Vieux jouit d'une réputation universelle : elle est envoyée en bouteilles dans toutes les parties du monde.—Sa température s'élève à 49° centigrade.

Les cinq sources que nous venons d'indiquer ont les mêmes propriétés physiques ; elles ont aussi la même destination thérapeutique, eu égard à leur force et à leur thermalité. On les emploie principalement contre les maladies scrofuleuses, la syphilis constitutionnelle, les maladies de la peau, les affections dites métastatiques, les rhumatismes, la sciatique rhumatismale, les arthropathies, l'arthrite chronique, les tumeurs blanches, les caries, etc. — On les applique aussi avec succès aux fractures, aux luxations, aux blessures anciennes, aux plaies, aux ulcères, etc.

Toutefois, une qualité toute particulière distingue la source de César-Vieux : elle possède une spécialité d'action dans le traitement de certaines affections de poitrine.

C'est dans le bâtiment même de César-Vieux qu'on trouve l'eau de la SALINE, dite *Tempérée* (37° centigrade). On ne l'emploie qu'en boisson.

———

Le Rocher est une source précieuse et récemment mise à jour. Ses eaux ont une grande analogie avec celles de La Raillère, ou plutôt elles ont absolument les mêmes propriétés curatives, avec cette différence que l'eau du Rocher est moins énergique et par cela plus propre dans certains cas aux personnes d'un tempérament trop délicat. Cette eau renferme, dit-on, des éléments qui lui assurent des propriétés spéciales. L'établissement se trouve un peu au-dessous de César-Nouveau et de Pauze; il possède une douche ascendante, deux douches ordinaires, deux bains de siége et vingt-quatre baignoires.

Température : 36° centigrade.

—

Rieumizet. — Cette source appartient à l'établissement du Rocher, qui l'exploite; elle est spécialement affectée aux maladies des yeux. Température : 24° Réaumur.

—

Bruzaud. — C'est un établissement fort ancien, au centre de Cauterets. Ses eaux, mal conduites dans leur trajet de la source à l'édifice, perdent ainsi de leurs qualités essentielles, et, chose étrange, par cette altération même elles acquièrent, parait-il, une valeur toute nouvelle. On les applique ordinairement aux phlegmasies chroniques, aux névroses, aux engorgements abdominaux. Mais la spécialité thérapeutique de cette source est de combattre avec succès certaines affections particulières à la femme. A cet égard, M. le docteur Drouhet n'hésite pas à dire que le vice d'aménagement signalé plus haut doit être maintenu.

—

La région de l'Ouest n'a qu'une seule source : c'est La RAILLÈRE. L'établissement est situé sur un plateau, à un kilomètre et demi de Cauterets. Ses eaux sont éminemment bienfaisantes. On les applique au traitement des maladies chroniques des organes pulmonaires et des voies respiratoires. On les prend en boisson, en gargarismes, en vapeurs sulfureuses, en bains et en demi-bains. Elles fournissent à l'exportation des quantités considérables.

Température : 40° centigrade.

Le groupe des sources du Midi se compose du *Petit-St-Sauveur*, du *Pré*, de *Mauhourat*, des *Yeux*, des *Œufs* et du *Bois*.

Le Petit-St-Sauveur est alimenté par un filet d'eau qui s'épanche au pied de la montagne de Lutour. Il se compose de douze baignoires ; sa vertu consiste à relever les constitutions faibles par nature ou affaiblies par accident : l'hystérie, la débilité chez les enfants, la chlorose, l'anémie, les convulsions épileptiformes, etc.

Sa température est de 29° centigrade.

—

Le Pré est situé tout près du Petit-St-Sauveur. Il a une buvette, une douche, deux conduits à inhalations sulfureuses, et dix-sept baignoires. Cette eau a à peu près les mêmes vertus que La Raillère et le Petit-St-Sauveur ; elle a aussi une certaine analogie avec celles de César et des Espagnols, qui sont toutefois plus énergiques.

Sa température est de 48° centigrade.

—

Mauhourat est une source abondante qui s'échappe du roc au fond d'une espèce de caverne. Ses eaux ne sont administrées qu'en boisson et très souvent avec le concours de bains pris à La Raillère, au Bois, au Pré, au Petit-St-Sauveur. Elles sont propres aux maladies chroniques des organes de la cavité abdominale, à la cachexie goutteuse, aux maladies du foie, des reins et de la vessie, etc.

Leur température est de 51° centigrade.

—

La source des YEUX coule à peu de distance de Mauhourat ; c'est un petit filet d'eau d'une faible température et que les médecins appliquent à certaines maladies de l'organe visuel.

—

Les ŒUFS comprennent trois sources, de 53°, 59 et 61° centigrades. Elles s'échappent des fissures d'un rocher de Mauhourat et allaient se perdre autrefois dans le Gave. Aujourd'hui elles sont captées.

D'après le docteur Droahet, les sources des Œufs « pourraient rendre à la médecine hydrologique les services les plus importants » ; c'est aussi l'opinion de tous les hommes compétents en pareille matière, et le syndicat de Cauterets, ne voulant rien négliger pour la plus grande utilité de ses richesses minérales, va consacrer aux trois sources des OEufs un vaste établissement qui s'élèvera sur le bord de la promenade du Mamelon-Vert, dans la prairie de Séquès, tout près du châlet de la princesse Galitzin.

—

Le Bois a deux sources (41° et 43° centigrade). Elles fournissent à deux douches de force moyenne, deux piscines et quatre baignoires.

C'est l'établissement le plus éloigné de Cauterets ; il est situé sur une éminence d'où le regard plonge sur le val de Géret. Le site est grandiose : les cascades, les pics, les torrents, les précipices l'environnent.

On ordonne l'eau du Bois contre les affections rhumatismales peu intenses, la sciatique, les contractions musculaires, dans certains cas de goutte, etc., etc.

———

En somme, les eaux de Cauterets, employées en boisson, gargarismes, inhalations sulfureuses, bains, demi-bains, bains de pieds, piscines, douches, injections, « constituent dans leur ensemble, dit M. le docteur Drouhet, la médication hydro-sulfureuse la plus riche et la plus diversifiée qu'il soit donné de posséder à une localité thermale ».

Ce n'est qu'à titre de simple renseignement que nous avons donné cette description très sommaire des eaux de Cauterets. Les malades ne doivent donc dans aucun cas faire usage de ces eaux, quelles qu'elles soient, sans une indication précise de la source, du mode et de la dose à employer ; en un mot, sans une prescription délivrée par un homme de l'art.

NOMS DES MÉDECINS CONSULTANTS

A CAUTERETS.

DIMBARRE, inspecteur.	SUBERBIE.
CARDINAL, inspecteur-adjoint.	FORT.
DAUDIRAC.	FLURIN.
BONNET-MALHERBE.	TESSEREAU.
GOUET.	LÉGER.
GIGOT-SUARD.	

Les eaux de Cauterets qui sont transportées en bouteilles par grandes quantités, sont celles de *La Raillère*, de *César*, et de *Mauhourat*. L'embouteillage de l'eau se fait avec le plus grand soin, par un procédé spécial.

L'Eau de Cauterets exportée soumise à l'analyse par M. FILHOL, *chimiste, doyen de la Faculté de Toulouse, et par M. J.* LEFORT, *chimiste distingué de Paris, leur a donné tous les caractères d'une bonne conservation, même après un an d'embouteillage.*

S'adresser, pour renseignements et demandes d'eau, à M. BROCA, pharmacien, fermier, à Cauterets.

PROMENADES

Les promenades proprement dites ne sont pas très nombreuses à Cauterets, et vraiment l'on ne saurait s'en plaindre, car, de quelque côté qu'on se dirige, on trouve des chemins, des sentiers, des retraites ombragées où l'on peut goûter le repos aussi bien et mieux que partout ailleurs.

Nous devons mentionner toutefois :

Le *Mamelon-Vert*, belle promenade récemment créée, d'où la vue s'étend sur la gorge et le bourg de Cauterets. On traverse le pont à côté de la mairie. A une centaine de pas, la groupe des châlets de la princesse Galitzin attire l'attention du passant. De là, on continue à droite la promenade, qui traverse le pont de Cambasque, et qui, laissant le Mamelon à droite, va redescendre, par un chemin nouvellement créé qui traverse un pont de bois, vers la route de Pierrefitte. Le Mamelon-Vert est très fréquenté le soir ;

Le *Parc*, propriété particulière toujours ouverte au public, où le malade qui ne peut aller qu'à quelques pas respire un air pur sous un magnifique ombrage. Après le repas du matin, le Parc est le rendez-vous général des étrangers ;

La route si pittoresque de *Pierrefitte*, sans cesse fréquentée par un grand nombre de promeneurs ;

Le *Cambasque*. — Quand on monte au Mamelon-Vert, dès qu'on a dépassé le beau châlet de la princesse Galitzin, un sentier ombragé se dirige à gauche vers le plateau de Cambasque. On voit à une grande profondeur au-dessous : Cauterets, la route de Pierrefitte, le Gave qui longe la route, la grange de la Reine Hortense, les établissements du Sud et les hautes montagnes d'alentour ;

Enfin, la promenade qui, de l'entrée du Parc, se dirige vers la *Cabane de la reine Hortense.* Le site est admirable, et le point de vue des plus beaux : l'on distingue, notamment : la forêt de Péguère, la cime du Monné, et au loin, par dessus Pierrefitte, le val d'Argelés, le château de Lourdes, et même la caserne de Tarbes. — En revenant par Luz et la montagne d'une excursion qu'elle avait faite successivement au lac de Gaube, au Vignemale et à Gavarnie, la reine Hortense eut la généreuse pensée d'offrir à sa suite un dîner dans la cabane d'un berger, dans le but de faire à ce dernier une surprise heureuse : le dîner fut apporté de Cauterets. De là vient la célébrité de ce chaume fortuné.

EXCURSIONS.

Les excursions ordinaires du touriste à Cauterets sont : le *Pont d'Espagne*, le *lac de Gaube*, le *Vignemale*, le *val de Lutour*, les lacs d'*Estom* et d'*Estom-Soubira*, le *Monné*, le *lac d'Estaing*, et *Panticosa* (Espagne).

LE PONT D'ESPAGNE.

Il va sans dire que vous prenez un guide. L'excursion, en poussant jusqu'au lac de Gaube, aller et retour, exige à peu près cinq heures.

Si vous êtes peintre, emportez la palette; si vous n'êtes que poète, partez sans déjeu-

ner, car l'extase pourrait bien, si l'estomac
ne venait revendiquer ses droits, vous rete-
nir indéfiniment dans ces lieux tout em-
preints de la puissance et de la majesté de
la nature. Un chemin bien entretenu mène
de La Raillère au Pont d'Espagne. En partant de Cauterets, vous voyez au loin, sur
la gauche, la chute du Gave de Lutour, qui
tombe en colonne blanche sur les arbres de
la vallée. De la Raillère, on traverse le
pont du Petit-St-Sauveur, et on peut à loisir
visiter les établissements du groupe du sud ;
parmi ceux-ci se trouve Mauhourat (mau-
vais trou), avec son antre, sa buvette, et sa
belle cascade. Là s'ouvre, entre des montagnes peuplées d'épaisses forêts de sapins
et de hêtres, la gorge qui conduit au Cériset
et au Pont d'Espagne. C'est le fond pai-
sible d'un tableau furieusement animé. L'on
perçoit déjà distinctement un bruissement
d'eau très sonore et qu'une invariable continuité rend monotone ; l'on croirait volontiers que l'Océan, gonflé pour un nouveau
déluge, s'infiltre à travers les Pyrénées :
c'est tout simplement le Gave qui, se pré-

cipitant des hauteurs, se heurte partout contre les rochers, s'éparpille, se reforme en torrent pour tomber de chute en chute, tournoyer, bondir encore, et se perdre enfin dans un abîme où l'œil ne peut le suivre, mais d'où l'on entend s'échapper comme un éternel grondement du tonnerre.

On est devant la superbe cascade du Ceriset ; le Gave se précipite tout entier : mais dans sa chute il rencontre un obstacle, et alors la colonne d'eau se divise en une infinité de gerbes éblouissantes qui vont retomber dans un goufre au-dessus duquel plane sans cesse, alimenté par la continuité de la chute, un voile humide et vaporeux. Quand, vers midi, le soleil rayonne en plein sur la cascade, on admire les couleurs prismatiques de l'arc-en-ciel se condensant en spirale au-dessus de l'abîme. C'est d'un effet merveilleux.

L'on s'arrache à regret d'un pareil spectacle, et ce n'est qu'une partie du tableau. Dans le trajet qu'il nous reste à faire pour voir l'autre partie, on trouve encore deux cascades fort belles ; celles du *Pas-de-l'Ours*

et de *Boussès* : cette dernière tombe d'un
seul jet au milieu des sapins. Un peu plus
loin s'ouvre à gauche le sentier qui monte
au lac de Gaube, et enfin le Pont d'Espagne
apparaît à son tour : c'est, tout simplement,
une rangée de gros sapins, assujétis au
moyen d'une charpente assortie. On passe
cette espèce de pont, et, après avoir gravi
le monticule où se trouve une petite auberge,
l'on atteint, en descendant un peu à gauche,
la double cataracte du Pont d'Espagne. Ce
sont les deux torrents de Gaube et de Marcadau, qui viennent se jeter et se confondre
avec un fracas assourdissant, dans un même
gouffre très étroit et très profond. Pour bien
jouir de ce spectacle, il faut se placer sur
le pont St-Joseph : on voit en face le Gave
de Gaube descendre de la montagne et
s'engloutir, tandis qu'au-dessous du pont
l'autre Gave jette sa colonne d'eau sur un
pan de roche d'où elle rebondit pour tomber dans l'abîme : ce puissant ressaut donne
à la cascade une beauté toute particulière.

Le site est du plus beau pittoresque ; et le
Pont d'Espagne, avec sa rustique architec-

ture, le couronne et le complète si bien
que, dans l'appellation, on a résumé en
lui toute la beauté de ce grand tableau.

LE LAC DE GAUBE.

Du Pont d'Espagne au lac de Gaube, l'on
suit à travers les sapins, un sentier sinueux
et plein d'aspérités. Après une heure d'une
marche assez pénible, la surface unie et
azurée du lac apparaît tout-à-coup. Il n'y
a d'autre différence entre les autres lacs et
celui-ci que celle de sa grande élévation
dans les montagnes ; aussi, est-ce moins
pour le voir que pour jouir de la beauté du
cadre qui l'environne qu'on grimpe jusqu'à
son sommet.

Le lac est encaissé dans des montagnes
très hautes, dont la plus imposante est le
Vignemale. Il a une superficie d'au moins
800 mètres en longueur sur 400 de largeur.
Sa profondeur est en certains endroits très
grande. On y pêche des truites, et si vous
professez pour ce poisson l'estime qu'il
mérite, entrez dans la maisonnette située
au bord du lac : l'hôte les prend en votre

présence, les fait rissoler vivantes et vous les livre en un clin-d'œil. Il y a aussi en cet endroit une hôtellerie bâtie par la Vallée, et destinée à offrir un asile convenable, soit de jour, soit de nuit, aux touristes en excursion.

Un événement malheureux attrista le lac de Gaube en 1832. Deux jeunes Anglais, Henry Patisson et Sarah Francis, nouvellement mariés, vinrent goûter les charmes de la lune de miel au milieu de la belle nature, à Cauterets. Un jour, ils montèrent au lac ; une barque était amarrée sur la rive, mais le nocher était absent. Les deux époux, voulant faire une promenade sur l'eau, descendent dans l'esquif et s'éloignent du bord. Quelle fatalité s'acharna sur eux en ce moment? l'on n'en sait rien. Toujours est-il qu'un malheureux coup de rame fit assez pencher la barque pour qu'Henry Patisson perdît l'équilibre et tombât dans le lac ; il ne reparut point à la surface, et son corps ne fut retrouvé que quelques jours après. Quant à l'infortunée Sarah, après avoir jeté de grands cris de détresse, éperdue elle se

précipita volontairement dans l'eau comme
pour aller au secours de son mari ; mais,
soit que le froid l'eût tout-à-coup saisie,
soit que l'instinct de la conservation eût
réagi sur elle, elle demeura présque immobile, et comme debout, soutenue à flot par
ses vêtements de soie ; bientôt on la vit,
mourante, s'incliner peu à peu et laisser
plonger sa tête dans le lac ; seul, un pan de
sa robe paraissait encore, comme un point
noir sur un miroir. La fraîcheur glaciale
du lac avait produit sur ce corps bou-
leversé une asphyxie presque instantanée.
Des rares témoins de cette affreuse scène,
qui se passait non loin du bord, pas un ne
savait nager. Cependant, l'on se procura
des perches, et par ce moyen l'on put recueillir presque aussitôt le corps de la malheureuse Sarah Francis. Une calèche ornée
de fleurs avait apporté les deux époux à
Cauterets, un cercueil les ramena en An-
gleterre. — Au bord de l'eau, un modeste
monument, entouré d'une grille, rappelle au
passant cette triste aventure.

On doit prendre un guide.

LE VIGNEMALE.

L'exploration de cette montagne, l'une des plus hautes de la chaîne, commence au lac de Gaube ; elle exige deux jours. Les naturalistes sont à peu près les seuls qui aient osé braver les fatigues et les dangers d'une ascension au Vignemale, car le goût de l'étude, l'amour de la science sont un stimulant bien autrement sérieux que celui de la simple curiosité. Autrefois, le touriste dépassait rarement le plateau d'*Ets Plumous*, et les savants eux-mêmes se souciaient peu d'aller jusqu'au sommet de Pique-Longue, le plus haut des quatre pitons du Vignemale (3298 mètres). C'est un intrépide chasseur, Cantous, qui l'a gravie le premier en 1834. Quelques années plus tard il y revint, mais cette fois avec M. le prince de la Moskowa, qui l'avait pris pour son guide. Aujourd'hui que le sentier est connu, il n'est pas de voyageur qui ne veuille aller esquisser sur le plus haut pic du Vignemale le grandiose spectacle des montagnes environnantes, dont les plus majestueuses sont le Marboré avec ses tours et son cirque, le Mont-Perdu

et la Brèche-de-Roland. On peut monter à
cheval jusqu'au plateau d'Ets Plumous. La
reine Hortense, qui a laissé dans ce pays
tant de souvenirs de sa bonté, fit cette première partie de l'ascension dans une chaise
à porteurs.

Avec sa couronne de flèches, ses cascades, ses crêtes couvertes d'une neige éter-
nelle, ses gouffres profonds, ses ravins qui
le déchirent du sommet à la base, et ses glaciers, qui sont incrustés dans les cavités de
la roche comme des lambeaux disparates
sur une loque, le fantastique Vignemale
éclipse tout ce qui l'entoure et retient l'attention du touriste autant par le désordre
et la grandeur de sa masse que par ses effrayants contrastes. On demeure muet et en
quelque sorte accablé à la vue de tant de
misère sur tant de majesté.

Un bon guide est indispensable.

LE VAL DE LUTOUR.

Le *Val de Lutour* s'ouvre en face de La
Raillère. Si l'on veut se plonger dans la
solitude, ou avoir une idée d'une nature

sauvage, il faut s'engager dans les noires sapinières du *Val de Lutour*, au fond duquel tombe cependant, comme pour y jeter un peu de vie, une très belle cascade. On est, là, à peu de distance du lac d'Estom.

LACS D'ESTOM ET D'ESTOM-SOUBIRA.

Le *Lac d'Estom* se trouve au-delà de la cascade de Lutour. Ce lac est si froid qu'il ne nourrit point de poisson. En montant deux heures encore, on arrive au sommet de l'*Araillé*, d'où l'on découvre enfin le lac d'*Estom-Soubira*, qui est dans la région des neiges éternelles, et presque toujours couvert de glace.

Il faut une journée entière pour cette excursion ; mais si l'on ne dépasse pas le lac d'Estom, six heures suffisent.

On peut aller du lac d'Estom au lac de Gaube, en traversant, à l'ouest, le *Col de la Hourquette*. — On doit prendre un guide.

LE MONNÉ.

L'excursion au Monné ne se fait guère en moins de huit heures. Il faut prendre un bon guide.

Le *Monné* est cette montagne qu'on voit
au dernier plan, à l'ouest de Cauterets, et
dont la cime est très souvent couronnée de
vapeurs. Après avoir traversé le Gave de
Cauterets, on suit la rive droite du torrent
de Cambasque, et l'on arrive, par le nord-
ouest, à la base du Monné. On peut aller
en chaise à porteurs ou à cheval jusqu'au
plateau de *Cinquet*, qui marque à peu près
la moitié du trajet. Le touriste s'arrête ordinairement sur ce plateau, se rafraîchit à
la cabane du berger, et fait, pour cause,
quelques gentillesses aux énormes chiens
qui gardent la cahutte. C'est là que commence l'ascension du pic ; la montée, quoique très rapide, n'est point dangereuse
quand on a la tête sûre et le jarret solide.
Ordinairement, on part dans la nuit, pour
arriver au haut du pic au lever du soleil :
le panorama est alors d'une magnificence
impossible à décrire ; mais que le soleil
brille ou qu'il soit voilé par les nuages, c'est
toujours un merveilleux spectacle que celui
dont on jouit au sommet du Monné. L'on
est saisi de terreur à la vue de tant de

gouffres, de tant de pics superposés, de cette nature morne, immobile, qui étale par-ci, par-là, ses glaciers comme des linceuls, et où l'on n'entend que la voix monotone des torrents ; mais si l'on regarde vers le nord, le tableau change complètement : c'est alors, vers le Béarn ou vers Tarbes, la plaine immense avec sa mozaïque de prés, de champs, de forêts, de rivières, de villages microscopiques, et avec ce voile vaporeux qui jette sur le lointain les tons vagues de l'illusion. On éprouve à cette vue un tressaillement qui donne le frisson : tout est si grand !... tout est si beau !... on ne voit pas Dieu, mais aux secousses que l'âme éprouve, on se sent plus près de lui... Mais quand un air glacial vous arrache enfin à la contemplation, vous redescendez, accablé d'émotion, vers la misérable fourmilière où tout maintenant vous paraîtra singulièrement pauvre et petit...

LE LAC D'ESTAING.

La course au lac d'Estaing demande à peu près une journée. On va de Cauterets

à St-Savin, et de là, par un chemin très
pittoresque à travers quelques villages, on
arrive sans effort et sans crainte au riant
vallon d'Estaing. On peut aussi aller au lac
d'Estaing par le Monné ; mais il n'y a que
les hardis touristes qui suivent cette direc-
tion, car le passage offre bien des difficultés.

Pendant qu'on touche à St-Savin, on
doit y faire une halte ; on trouve là, presque
en un groupe, plusieurs monuments très
anciens et très remarquables : St-Savin,
Piétat, les ruines de St-Orens et le château
de Beaucens.

PANTICOSA.

Voulez-vous aller en Espagne et savoir
enfin ce que c'est que l'*olla-podrida ?* cei-
gnez vos reins et prenez des vivres pour un
bon repas que vous ferez en pleine montagne, car il vous faut marcher sept heures
avant de pouvoir aller vous asseoir à la table
du Vatel aragonais. Panticosa est une toute
petite localité thermale espagnole.

Vous connaissez la route du Pont d'Espagne : de là vous entrez dans les prés de

Gajan, laissant à gauche le sentier du lac
de Gaube ; vous marchez sur des tapis de
verdure ornés de grands bouquets de sapins, et, ainsi flatté par une nature excep-
tionnelle au milieu d'arides rochers, vous
traversez d'un pas allègre la vallée du Marcadau, au fond de laquelle un escarpement
assez raide mène au col du même nom, qui
fixe la limite entre la France et l'Espagne.

Inutile de dire qu'il faut gravir le col du
Marcadau, le descendre ensuite, mais assez
agréablement quoique par d'étroits et rapides sentiers, car l'on jouit dans ce trajet de
points de vue très vastes et très pittoresques,
soit vers les Pyrénées françaises, soit vers
les plaines de l'Aragon.

Revenir par le même chemin, ce serait
peu attrayant pour le touriste ; aussi, lui
conseillons-nous d'effectuer le retour par la
nouvelle route thermale, qui ramène à
Cauterets par les Eaux-Bonnes, les Eaux-
Chaudes, le col de Tortes et la pittoresque
vallée d'Azun, dont la beauté fait tous les
ans l'objet de maintes cavalcades. C'est
alors un charmant petit voyage, mais qui

exige une journée de plus, c'est-à-dire trois jours.

———

On peut aussi de Cauterets aller à Luz-St-Sauveur, à Barèges, à Gavarnie, par la montagne : à pied ou à cheval en se dirigeant, par la grange de la reine Hortense, vers le plateau du Lisey, qu'il faut gravir, et où s'étendent de beaux pâturages entre la montagne de Perraute et le Pic-des-Bains. On traverse le col du Lisey, et l'on redescend vers Luz par les villages de Grust, Sazos et Sassis. La distance est de vingt-trois kilomètres.

On peut aussi aller à Luz en gravissant les montagnes qui séparent les deux bassins de Luz et Cauterets, par le col d'Oullians. L'on aperçoit dans ce trajet, qui dure à peu près cinq heures, les glaciers de Neoubieille et du Pic Long.

Pour aller de Cauterets à Luz en voiture, il faut revenir sur Pierrefitte.

———

MM. les voyageurs qui désireraient se procurer le plaisir d'une chasse à l'ours ou à l'isard, trouveront parmi les guides de Cauterets des auxiliaires intrépides et très expérimentés.

6

GUIDES DE CAUTERETS.

Première classe.	*Deuxième classe.*
BARANNE Jean-Marie.	BARRÈRE Joseph (Berret).
LACARRET Joseph.	PONT Jean (Bayonnette).
GENTHIEU Jean-Pierre.	PY Jean-Marie.
DULMO Jean.	SARTHE-METGE Baptiste.
SARNIGUET Joseph (Carro).	ARRICASTRE Jacques.
LACAZE-CANON (Jean).	LAYRÉ-CASSOU J.-Pierre.
DULMO Joseph.	LACAZE Victor.
PONT Jean-Marie.	BARANNE Bernard.
POUEYDEHAU Jean (Neveu).	DOMER Joseph-Martin.
HOURCADE-LAMARQUE Vinc.	BOURDA Antoine.
BORDÈRE Joseph.	LATOUR Pierre.
LATAPIE Jean-Pierre.	LACRAMPE Jean-Baptiste.
HOUSSAT Lucien.	CABANOT Antoine.
VERGEZ (Auguste).	MAILLOFFE Clément.
VERGEZ (Joseph).	POUEYDÉHAU (Auguste).
HOUSSAT Joseph (Jeantoy).	SOUCAZÉ Michel.
SOUCAZE Joseph.	BARANNE Joseph.
HOURCADE Pierre.	GENTHIEU Bernard.
BARANNE Léopold.	BARRÈRE Jules (Berret).
LARRIEU Michel.	LATAPIE Benjamin.
SARRETTES Jean-Marie.	BORDÈRE Pierre (Berret)

RÈGLEMENT DE 1864

CONCERNANT LES GUIDES, LES PORTEURS DE CHAISES ET LA LOCATION DES CHEVAUX.

Art. 1er. — Nul ne pourra exercer l'industrie de guide dans la commune de Cauterets sans en avoir obtenu l'autorisation.

Art. 2. — Afin d'établir le degré de confiance qu'on doit leur accorder, les guides sont divisés en deux classes.

Art. 3. Les guides de la première classe porteront au côté gauche de la poitrine une plaque en métal où seront inscrits ces mots : *Guide de première classe* ; cette plaque sera surmontée d'une petite couronne en drap blanc attachée sur la veste.

Art. 4. Les guides de deuxième classe porteront au côté gauche aussi une plaque de métal où seront inscrits ces mots : *Guide de deuxième classe*.

Art. 5. — Les guides, les loueurs de chevaux et les porteurs devront être munis d'un imprimé reproduisant le tarif approuvé ; ils devront le communiquer à toute personne intéressée.

Art. 6. — Tarif du salaire par jour pour chaque guide :

Pour le pic du Vignemale, douze francs, ci. 12 fr.

Glacier du Vignemale, frontière d'Espagne Mont-Perdu, Gavarnie et autres courses d'où l'on ne peut rentrer le même jour, dix francs par jour, ci 10

Monné, Marcadau, Luz, St-Sauveur et le Lac-Bleu, huit francs par jour, ci 8

Lac de Gaube, lac d'Estom, pont d'Espagne, Serres, col de Rigeü, Saint-Savin, Argelés, cinq francs par jour, ci 5

Grange de la Reine Hortense, cascade du Cérizet, promenade du Mamelon-Vert, Cambasque, trois francs par jour, ci 3

Art. 7. — On ne pourra employer ni des chevaux entiers, ni des chevaux vicieux ou atteints de maladie, ou en général hors d'état de faire le service.

Une commission nommée par M. le sous-préfet sera chargée de la visite des chevaux et d'en constater les défauts.

Art. 8. — Tarif des courses faites par les chevaux : pour le Marcadau, Monné, lac d'Estom, Serres, lac d'Illeü, Luz, par la route impériale ou la montagne, St-Savin, Beaucens, Argelés, six francs, ci . . . . 6 fr.

Pour le Pont d'Espagne, lac de Gaube, col de Rigeü, cinq francs, ci 5

Pour Cérizet, Cambasque, grange dite Reine Hortense, trois francs, ci 3

Promenade dans l'après-midi à l'entour de Cauterets et jusqu'au Limaçon, trois fr., ci.   3 fr.

Bagnères-de-Bigorre, Luchon, Eaux-Bonnes, par la route ou la montagne, et autres localités nécessitant plusieurs jours de course, six francs par jour avec nourriture ou huit sans nourriture.

Pour La Raillère, deux francs, ci   2

On paiera 75 centimes en sus par course ou par jour lorsque le cheval devra avoir une selle pour dame.

Art. 14.—Tarif des chaises à porteurs en course :

Pour Vignemale, aller et retour à quatre hommes par chaise, cinquante francs, ci . . .   50 fr.

Pour Marcadau et Monné, à quatre hommes par chaise, trente francs, ci.. . . .   30

Pour le lac de Gaube, lac d'Estom et le Lac-Bleu, à quatre hommes par chaise, vingt francs, ci.   20

Pour le Pont d'Espagne, à quatre hommes par chaise, quinze francs, ci.   15

Pour Cambasque ou Lutour, ancienne scierie, dix francs, ci.   10

Pour la cascade du Cérizet ou pour la grange de la Reine Hortense, à deux hommes par chaise, six francs, ci   6

Pour le Pont de Fanlou, passant par Condaou et rentrer par la route impériale, cinq francs, ci.   5

Pour la cascade de Larros, à deux hommes par chaise, quatre francs, ci.   4

De Pierrefitte à Cauterets ou de Cauterets à Pierrefitte, à quatre hommes par chaise, dix francs, ci.   10

Pour le tour du parc Brauhauban, deux francs, ci.   2

Pour les bains du Pré, et retour, un franc cinquante centimes, ci. 1 50

Pour la salle du bal, un franc, ci.   1

Pour les bains de La Raillère, Pauze et César-Vieux, aller et retour, un franc. ci. .   1

Aller ou retour, soixante-quinze cent., ci..   » 75

Pour les bains du Bois, deux francs, ci.   2 fr.

Pour les bains Bruzaud, Rieumiset, Grand établissement, cinquante centimes ci.   » 50

Promenades aux alentours de Cauterets, deux francs, ci. 2

TARIF DES EAUX. — Extrait du Règlement.

Art. 1er. Les établissements thermaux de Cauterets, propriété de la vallée de St-Savin, sont désignés ainsi qu'il suit : 1º Les Thermes ; 2º La Raillère ; 3º Bruzaud ; 4º Pauze ; 5º Le Bois ; 6º La source du Vieux César ; 7º La source du Mauhourat ; 8º La source des Œufs.

Les eaux de ces sources sont administrées en boisson, bains, douches et inhalation, d'après le tarif suivant :

Boisson pour une personne, par jour et à chaque source, 10 c.

Abonnement à la boisson pour une source (durée du séjour), 3 fr.

Abonnement à la boisson pour toutes les sources (durée du séjour), 5 fr.

Le prix de la grande bouteille d'eau, y compris le remplissage, bouchonnage, goudronnage et la capsule, est de 30 c.

Le prix de la petite bouteille, y compris tous ces accessoires, est de 20 c.

La grande bouteille ne dépassera pas un litre.

La petite bouteille ne dépassera pas demi-litre.

Les prix des bains et douches sont fixés ainsi qu'il suit :

Bains de 7 à 10 heures du matin, aux Thermes et à la Raillère, 1 fr. 50 c.

Grande douche, aux mêmes heures, aux Thermes, 1 fr. 50 c.

Bains et douches hors les heures ci-dessus désignées pour tous les établissements, 1 fr. 25 c.

Bains et douches pris simultanément au Grand établissement et à celui de La Raillère, de 7 à 10 heures, 2 fr. 25 c.

Bains et douches pris simultanément, pour tous les établissements en dehors de ces heures, 1 f. 75 c.

Bains de pieds, 30 c.

Il sera perçu par séance d'une heure, dans la salle d'inhalation proprement dite, 50 c.

Il sera perçu par séance d'une demi-heure dans la salle de pulvérisation :

1° Quand le malade voudra faire usage des appareils généraux, 1 fr.

2° Quand il sera fait usage d'appareils spéciaux, 1 fr. 25 c.

Dans les prix ci-dessus fixés se trouvent compris tous les frais de préparation de bain, les soins des garçons et filles de bain. Pour les bains, douches ou inhalation payés 75 c. et au-dessus, la fourniture du linge sera comprise dans les mêmes prix.

Le linge à fournir pour chaque bain ou douche consiste en un peignoir, ou un drap et deux serviettes.

Le linge à fournir pour la salle de pulvérisation consiste en un peignoir, une serviette et un bonnet en toile cirée.

Toute fourniture supplémentaire est taxée ainsi qu'il suit :

Un peignoir ou drap chauffé, 10 c.

Une serviette chauffée, 5 c.

Un fond de bain, 20 c.

Tout baigneur qui se servira de linge lui appartenant et voudra le faire chauffer dans l'établissement où il se baignera, sera tenu de payer pour chaque bain ou douche, 10 c.

En ce qui concerne les bains de pieds, pour lesquels l'administration syndicale ne fournit pas de linge, il sera perçu, pour fourniture et chauffage d'une serviette, 5 c.

IV.

DE PIERREFITTE A ST-SAUVEUR.

La route de Barèges ne le cède point
à celle de Cauterets en belles horreurs et
en effrayants passages. Après avoir franchi
le pont de Villelongue, formé d'une seule
arche, et vers lequel la voie se retourne
brusquement en angle aigu, l'on va s'en-
fonçant dans la gorge de Luz ; c'est un site
d'une majesté sombre : de quelque côté
qu'on se retourne, ce ne sont que grandes
masses granitiques, tantôt entièrement pe-
lées, tantôt recouvertes de noires forêts, et
dont le cadre étroit de la voiture ne permet
pas toujours d'apercevoir le sommet ; dans
les profondeurs de la gorge, à droite, le Gave
de Gavarnie roule ses eaux rapides dans un
lit irrégulier, caillouteux, qui leur donne,
en les brisant sans cesse, l'éclatante blan-
cheur du cristal.

Plus on avance, plus la gorge se resserre :
ce n'est plus bientôt qu'une espèce d'en-

tonnoir au fond duquel l'on ne serait point
étonné de descendre en enfer, tant la perspective devient morne et sauvage. On laisse
à droite la vieille route qui traverse deux
ponts délaissés aujourd'hui, et l'on monte
hardiment sur une large entaille faite à pic
sur la paroi de la montagne. C'est merveilleux
et c'est effrayant. Ah ! vous vous demandez
par quel prodige de science, par quels efforts
surhumains l'on est parvenu à pratiquer en
un tel lieu non pas un sentier, mais une
voie accessible et sûre, même pour les plus
grands véhicules ?... Ce sera bien vite ex-
pliqué : de hardis mineurs, suspendus par
un câble au-dessus des abîmes, sapaient la
montagne et préparaient des fourneaux de
mine : la poudre faisait le reste. — A côté
de ce gigantesque travail de l'homme, ad-
mirons le travail plus lent, mais infaillible,
de la nature et du temps : dans la rapidité
de sa course, le Gave renverse ordinairement les obstacles ou les franchit d'un
bond ; ici, un gros bloc lui barrait jadis le
passage ; et, ne pouvant ni le renverser ni
le franchir, à la longue (combien de temps

lui a-t-il fallu, mon Dieu!), l'impétueux
torrent a fini par percer la roche, et il passe
aujourd'hui, superbe comme un triompha-
teur, dans cette voie qu'il s'est ouverte. Sur
la gauche, au-dessus d'un épouvantable
abîme un peu masqué par la végétation, le
Pont d'Enfer donne accès à l'ancienne route,
d'une montagne à une autre : ce pont mérite d'être visité. Un peu plus loin, sur le
bord de la route, jaillit une fontaine pure
où le voyageur peut se rafraîchir en passant :
il en a le loisir, car la montée est longue,
et la voiture marche lentement. Le site a
maintenant un aspect formidable ; les montagnes sont tellement abruptes, et les forêts
si sombres ; les abîmes sont si profonds, si
multipliés, et si près de la route ; la route
elle-même serpente si audacieusement sur
ces sublimes horreurs !... Il y a dans ce
magnifique paysage une indéfinissable grandeur qui met la crainte dans l'âme, et se
grave pour toujours dans la mémoire. On
admire, et on a hâte de fuir. Mais la perspective varie à chaque instant ; bientôt la
gorge paraît moins étroite, et, à mesure

qu'on la voit s'élargir, la fraîche beauté de
la vallée de Luz se déploie à l'horizon sur le
fond noir des monts qui l'environnent. Après
une légère descente, on passe, sur le Gave,
un pont surmonté d'un obélisque portant
cette inscription : *La Vallée de Barèges à la
Reine Hortense.* 1807. A deux kilomètres
plus loin, la route de Barèges traverse le
pont de Pescadère, qui se présente à deux
kilomètres de Luz ; mais, pendant toute la
saison thermale, les messageries, laissant à
gauche le pont de Pescadère, vont tout d'a-
bord déposer à St-Sauveur les voyageurs
qui se rendent à cette station : de là elles
reprennent par Luz la route de Barèges.

V.

Sᵀ-SAUVEUR.

St-Sauveur est bâti comme un nid d'aigle sur le flanc d'une montagne dont le sommet l'abrite en arrière ; il domine toute la vallée de Luz et plonge sur le précipice où le Gave écume et gronde en courant. C'est un riche et gracieux paysage. St-Sauveur n'est qu'une rue ; mais elle est régulière et, sans prétention, bien bâtie. A chaque extrémité de la rue, une colonne en marbre rappelle le séjour de la duchesse d'Angoulème et de la duchesse de Berry.

St-Sauveur et Luz ne forment qu'une même commune. Il y a à St-Sauveur deux sources thermales sulfureuses : l'une, dite *Source principale*, exploitée dans l'Etablissement thermal, et appartenant à la vallée de Barèges ; l'autre, dite de *Hontalade*, appartenant à divers propriétaires, inaugurée seulement en 1855, et aménagée dans un bâtiment qui offre aux baigneurs toutes les commodités. De cet établissement, situé au-dessus de St-Sauveur, à dix minutes du bourg, on aperçoit, au moyen d'une longue-vue, la cime du Pic-du-Midi de Bigorre. La source principale est connue depuis le XVIe siècle : en 1569, Gentieu Belin d'Amboise, évêque de Tarbes, craignant les persécutions des protestants, alla se réfugier à Luz ; il lui arrivait souvent de s'isoler dans la montagne, et c'est ainsi qu'il découvrit cette source, près de laquelle il fit construire une chapelle portant cette inscription : *Vos haurietis aquam de fonte Salvatoris* (1). De là vient sans doute le nom de St-Sauveur donné à ce groupe de maisons qui n'existaient pas auparavant.

L'efficacité de cette source demeura longtemps inconnue : ce n'est qu'au commencement de ce siècle, sous l'Empire, que St-Sauveur prit réellement de l'extension et acquit une juste renommée.

Sédative, douce, calmante, l'eau de St-Sauveur agit principalement sur le système nerveux.

(1) Vous viendrez boire à la fontaine du Sauveur.

LE PONT NAPOLÉON.

On sait qu'en 1859, après la glorieuse campagne d'Italie, l'Empereur Napoléon alla se reposer quelques jours à St-Sauveur. Voulant, là comme partout ailleurs, faire du bien même en se reposant, Sa Majesté s'enquit des moyens de communication entre les principales localités de la montagne, et c'est alors que, frappée de la nécessité d'un passage qui reliât cette station thermale avec la route qui va par Gavarnie en Espagne, Sa Majesté ordonna la construction de ce pont, dont la monumentale structure attire chaque année tous les touristes des Pyrénées vers la poétique résidence de St-Sauveur.

Le pont Napoléon est formé d'une seule arche en plein cintre de 42 mètres d'ouverture. La longueur du pont entre les dès est de 66 mètres ; sa largeur est de 4^m90^c. La voie charretière a 4^m50^c de largeur ; elle est comprise entre deux trottoirs en pierre de taille de 0^m85^c, placés en grande partie en encorbellement, et soutenus par des consoles en pierre de taille. Une balustrade en fonte, pesant 24,000 kilogrammes, couronne le pont.

La voûte repose directement sur le rocher. La première assise du socle est située à 40 mètres au-dessus du Gave ; la chaussée est à 66 mètres au-dessus du même plan de comparaison. Les bandeaux des têtes, de 1m50c de hauteur, sont en pierre de taille. La voûte est construite en moëllons bruts schisteux, et mortier de ciment de Vassy. L'épaisseur de la voûte à la clef est de 1m65c. Les tympans sont construits en maçonnerie à joints incertains ; ils sont formés de moëllons calcaires.

La charpente établie pour la construction du pont Napoléon comprenait, outre le cintre et le pont de service placé sur le cintre pour le bardage des matériaux, un échafaudage assis au fond du Gave, et une plate-forme placée au niveau des naissances.

Le cintre était formé de quatre fermes retroussées.

L'échafaudage, partant du fond du Gave, était composé de six poteaux montants, placés deux à deux ; ils étaient reliés par des croix de St-André ; les chapeaux et les moises complétaient la triangulation du système. Six cents mètres cubes de bois de sapin et de chêne ont été employés pour les échafaudages et les cintres. La maçonnerie de moëllons schisteux pour voûtes, et les tympans, jusqu'au niveau du joint à 60°, ont été faits du 5 au 16 novembre 1860 ; on a décintré la voûte le 16 décembre suivant ; le décintrement a été fait à l'aide de verrins : le tassement observé a été inférieur à un millimètre.

Les travaux, abandonnés pendant l'hiver, ont été repris au mois d'avril 1861, et le pont a été livré à la circulation le 30 juin de la même année.

Le montant total de la dépense est de 320,000 fr. (1)

Pour bien jouir de la pittoresque beauté de ce monument, il faut se diriger de Luz par la rive droite du Gave, qu'on remonte jusqu'à la vue du pont Napoléon. De ce point, il offre un aspect vraiment grandiose :

(1) Les travaux ont été exécutés par M. Marx, ingénieur en chef ; M. Bruniquel, ingénieur ordinaire, et M. Guillemain, conducteur des ponts et chaussées. — Le pont Napoléon est à 732 mètres au-dessus du niveau de la mer.

on dirait un arc triomphal élevé au sommet des Pyrénées à quelque dieu mythologique.

A l'une des extrémités du pont (droite du Gave) s'élève une colonne en pierre de taille, de douze mètres de hauteur, surmontée d'un aigle colossal : c'est l'hommage rendu à l'Empereur par la vallée reconnaissante.

La promenade qui relie la route avec la fontaine du Chat-Huant et qui passe sous le pont Napoléon, a été faite par M. Guillemain, aux frais de Sa Majesté l'Empereur.

LA CHAPELLE DE St-SAUVEUR.

La jolie petite chapelle de St-Sauveur, si gracieuse dans ses formes, et presque toute en pierre de taille, a été construite en même temps que le pont Napoléon, par ordre aussi de Sa Majesté l'Empereur, et à ses frais. Le montant de la dépense a été de 65,000 fr.

LA CHAPELLE DE SOLFÉRINO.

Mais pendant que, tout empreint encore de l'odeur de la poudre, il inaugurait d'une façon si magnifique à St-Sauveur les travaux de la paix, le vainqueur de Solférino

voulut offrir sa palme au Dieu des armées :
par sa munificence, on vit s'élever comme
par enchantement, sur le mamelon de Saint-
Pierre, une élégante chapelle, sur les débris
d'un ancien ermitage. (1)

En creusant les fondements de cette chapelle, on mit à découvert le tombeau de
Pierre Lombez, dernier ermite de Saint-
Pierre, mort à la fin du XVIIIe siècle. Les
restes de l'ermite furent changés de place,
et S. M. l'Empereur fit poser sur la nouvelle tombe une pyramide, et un grillage
tout autour.

SALLE D'ASILE DE LUZ.

Dans la même année 1859, Sa Majesté
l'Impératrice exerçait sa générosité en dotant
la petite ville de Luz de l'*Asile Eugénie*,
consacré par l'auguste bienfaitrice à l'ins-
truction des enfants pauvres.

On se rend de St-Sauveur à Luz en des-

(1) Les travaux des deux chapelles ont été exécutés par M. Bœswillwald, inspecteur général des
monuments historiques, et M. Guillemain, conducteur des ponts et chaussées.

7

cendant la rive gauche du Gave, par une belle promenade plantée de peupliers. La distance est à peu près de 1500 mètres.

La vallée de Luz est d'un aspect très agréable. Sa riche végétation s'épanouit à l'abri des montagnes qui l'encadrent, et une infinité de petits ruisseaux lui apportent les bienfaits de la fécondité.

L'ÉGLISE DE LUZ.

Luz possède une église fort ancienne, qui fut construite par les Templiers. « Cette église, dit M. Cénac-Moncaut, se distingue entre toutes par son aspect belliqueux. Son chevet est placé entre deux tours carrées de défense, dont l'une, celle du Nord, est surmontée de créneaux et percée de meurtrières. Si l'on monte à son premier étage par l'escalier extérieur, on voit quatre gros fusils de rempart, du XVIe siècle, laissés là sur leurs chandeliers tournants par les derniers ligueurs, et tout prêts à faire feu sur les huguenots ; puis, pour compléter cet appareil de guerre, mors de brides, étriers, fers de lance, lanternes à fanal, sont suspendus aux murailles de ce donjon. Telle est la basilique romane, dominée par deux tours, au milieu d'une enceinte de remparts, complètement crénelée et percée d'un double rang de meurtrières. Cette enceinte, chargée de protéger les vivants et les morts contre les attaques des Albigeois et des huguenots, entourait le cimetière. »

Les Templiers avaient deux annexes à Gèdre et à Gavarnie. « Un fait bizarre et étrange, dit M. Bascle de Lagrèze (1), c'est que dans l'église de Gavarnie, au milieu des montagnes les plus élevées, on conserve encore une douzaine de crânes, exposés à la curiosité publique, sous le nom de *crânes des Templiers*. » Mais, d'après le procès des Templiers, dans la cérémonie de réception des chevaliers, on leur montrait une tête en leur disant : Adorez cette tête : *Istud caput vester Deus et vester Mahomet*. A ce propos, le savant auteur que nous citons ajoute : « Ces douze crânes de Gavarnie ne seraient-ils pas d'antiques idoles.....? »

(1) *Histoire religieuse de la Bigorre.*

PROMENADES.

Nous avons déjà parlé de la nouvelle promenade qui passe au-dessous du Pont-Napoléon et de celle qui descend de St-Sauveur à Luz.

Nous devons mentionner encore :

La nouvelle route qui, de St-Sauveur, s'embranche par le Pont-Napoléon à la route de Gavarnie : il faut voir, du haut de l'aérienne voûte, le Gave couler dans les profondeurs de la gorge ;

Le *Jardin anglais*, dont les allées descendent jusqu'au bord du Gave, que l'on franchit sur un petit pont de bois, pour aboutir encore, mais d'un autre côté, à la route de Gavarnie ;

Le plateau de Hontalade, d'où l'on domine St-Sauveur et tout le bassin de Luz : perspective admirable ;

Le chemin de Sazos, qui conduit à Cauterets par le col d'Arriou, ombragé de chênes, de sapins et de hêtres, et d'où la vue s'étend également sur toute la vallée.

La chapelle de Solférino, sur le mamelon de Saint-Pierre, d'où l'on voit la gorge du Gave, le val de Luz, et le val de Barèges.

Enfin, les ruines de l'ancien château-fort de Ste-Marie, sur un monticule, au-delà du Bastan.

VI.

BARÈGES.

Bien que la distance de St-Sauveur à
Barèges ne soit que de huit kilomètres, la di-
ligence met près de deux heures à effectuer
ce trajet : c'est que la route, depuis Luz,
n'est qu'une longue côte ; elle est très raide
dans la seconde moitié du parcours, et elle
remonte constamment la rive gauche du
Bastan. On fait une lieue à travers un assez
beau paysage, où le regard se repose tour-à-
tour sur la fraîche verdure des prés, sur la
croupe boisée de la montagne et sur les
petits ruisseaux qui mêlent leur doux mur-
mure à la bruyante sonorité du torrent.
Quelques villages se montrent sous l'ombrage, au loin, des deux côtés de la route,
qui traverse, aux approches de Barèges,
une gorge dénudée dont les abords, sillon-
nés de profondes crevasses, d'entailles qui
déchirent la montagne du sommet à la base,
présentent le plus triste aspect. On voit, à

droite, un tout petit filet d'eau qui descend
des hauteurs vers la route, et qui la traverse
pour aller tomber dans le Bastan : c'est le
Barangue ou Rioulet (petit ruisseau), qu'on
aperçoit à peine au fond du large ravin
qu'il a creusé ; mais quand, au milieu de la
belle saison, un orage éclate sur Barèges,
en un instant le Rioulet devient un impétueux torrent : toutes les fissures de la montagne lui apportent en détail la masse des
eaux pluviales et font rouler dans son lit
d'énormes galets et de gros blocs nouvellement détachés de cette montagne en ruines.
On entend alors un bruit semblable à de
lointaines détonations d'artillerie ; ce bruit
est très perceptible à Barèges, et dès qu'il
se fait entendre, on dit dans la vallée : « c'est
le Rioulet qui descend. » Le Rioulet, en
effet, se précipitant d'une hauteur de 600
mètres, à travers ce vaste éraillement de
la montagne, charrie vers la route et le
Bastan d'énormes blocs pierreux qui s'en-
trechoquent avec un bruit épouvantable :
il semble que la montagne, entièrement fen-
dillée et disloquée, va s'écrouler sous son

propre poids. Cependant, le Rioulet s'apaise aussitôt que s'apaise l'orage ; il redevient bientôt l'imperceptible ruisseau de la veille, mais la route est obstruée et la circulation arrêtée momentanément. Des nuées de travailleurs accourent pour déblayer la route, et tout est dit jusqu'à la prochaine tempête. On fait encore un kilomètre, et, enfin, on arrive devant l'établissement thermal de Barzun, qui se trouve à gauche, sur le Bastan, un peu en deçà de Barèges.

Barèges est situé dans la vallée du Bastan. Ses eaux, très salutaires pour certaines maladies et surtout pour les plaies et les blessures, demeurèrent longtemps inutilisées parce qu'on n'en connaissait pas la vertu ; cependant, de vieilles piscines qui paraissent appartenir au moyen-âge, démontrent qu'à cette époque les eaux de Barèges rendaient déjà quelques services. En 1677, Mme de Maintenon y conduisit le jeune duc du Maine, et l'on ne se figure pas quelles pouvaient être alors les peines du voyage, puisque aucune route n'existait encore dans ces régions. Plus tard, les sources furent captées ; et l'hôpital militaire, édifié vers le milieu du siècle dernier, put recevoir les blessés de la guerre de Sept-Ans. De notre temps, la République, l'Empire, l'Algérie, la Crimée, l'Italie, ont tour-à-tour procuré de nombreux clients aux thermes si justement renommés de Barèges.

Ces thermes sont divisés en plusieurs établissements : les Thermes et les Piscines, qui appartiennent à la vallée de Barèges ; l'hôpital militaire qu'on achève et qui appartient à l'Etat ; l'établissement de M. Barzun, et l'hospice Sainte-Eugénie, propriété de Mgr l'évêque de Tarbes, dans lequel sont traités les indigents envoyés aux frais du département ou des communes.

Barèges possède neuf sources d'eau thermale sulfureuse, dont la température varie de 45° à 31° centigrade. Ces sources sont : le Tambour, la Chapelle, l'Entrée, le Fond, Polard, le Bain-Neuf, Dassieu, Gency et Barzun ; elles sont employées en boisson, bains et douches. L'eau de Barzun se transporte en bouteilles.

PROMENADES.

Les promenades près de Barèges sont :
l'*Héritage Colas*, sur un plateau qui domine
la vallée ; la *Promenade horizontale*, à la
base du pic d'Ayré ; l'*Allée-Verte*, qui coupe
horizontalement une belle forêt de hêtres
au-dessus de l'hospice , et à laquelle on
parvient par des allées en pente douce ;
l'*Ermitage de Saint-Justin* : on se dirige vers
les bains Barzun, et, après avoir passé le
pont, on prend à gauche un sentier qui
aboutit à un petit bois ; on s'élève ensuite
en zig-zag vers d'autres sentiers qui mènent
à l'Ermitage.

EXCURSIONS.

Les mêmes grandes excursions peuvent
également se faire en partant de St-Sauveur
ou de Barèges. Les excursions principales
dans cette région sont : le *pic de Bergons*,
Gavarnie, le *Marboré*, la *Brèche-de-Roland*,
le *Piméné*, le *Mont-Perdu*, le *Pic-du-Midi*,
le *Lac-Bleu*, le *pic d'Ayré* et *Néoubieille*. —
Pour toutes ces excursions, le concours d'un
guide est indispensable.

LE PIC DE BERGONS.

Le pic de Bergons occupe le centre d'une espèce de demi-cercle formé par les montagnes depuis le Vignemale jusqu'au cirque de Troumouse. La course, aller et retour, est d'environ cinq heures ; on peut la faire à cheval. Du sommet du Bergons on domine le bassin de Luz, presque toute la vallée du Bastan, et on voit notamment l'amphi-théâtre du Marboré, l'énorme tour du Cylindre, la cime du Mont-Perdu, le Coumélie, et la pointe du Piméné. A gauche se dressent, comme les colonnes d'une porte gigantesque, les deux cônes pa-rallèles qu'on appelle la Fourche de Brada.

GAVARNIE. — LE MARBORÉ.

On prend à St-Sauveur la route de Gavarnie. On arrive à la vallée de ce nom par une succession de petits bassins et de passages très étroits ; c'est d'abord le défilé du *Pas de l'Echelle*, que gardait autrefois un château-fort ; un peu plus loin l'on voit apparaître la cascade et le pont de Sia. On passe sur la rive droite du Gave, et, après avoir traversé le hameau de Pragnères, on entre bientôt à Gèdre, qui relie les vallées de Héas et Gavarnie. La vallée de Héas se prolonge au sud-est jusqu'au cirque de Troumouse. Il y a à Héas une antique chapelle, et à Gèdre une belle grotte.

De Gèdre à Gavarnie, c'est la même voie étran-glée, à travers le *Chaos*. Oh ! l'horrible passage ! le nom le dit, et il n'exagère pas : c'est un vaste

entassement de roches écroulées, lambeaux de
montagne, hauts quelquefois de quinze mètres.
où l'on ne voit pas un brin d'herbe, pas un arbre,
pas le moindre filet d'eau : c'est la solitude dans ce
qu'elle peut avoir de plus navrant, et le passant
s'effraie de n'entendre en ces lieux d'autre bruit
que celui du pied frappant le sol.

Après le passage du *Chaos*, on touche à Gavarnie, où l'on peut se restaurer dans une bonne
auberge. De là on distingue très bien la magnifique
cascade du Marboré, qui tombe du haut du cirque
à une profondeur de plus de 400 mètres : c'est
un imposant spectacle. De Gavarnie au cirque du
Marboré, il y a cinq kilomètres. L'amphithéâtre se
déploie sur une étendue de 3,600 mètres, avec
ses trois étages de murailles perpendiculaires.
surmontées de gradins ; les neiges éternelles cou-
ronnent les sommets. Au sud-est s'élèvent le pic
et le Cylindre du Marboré ; au sud paraissent les
Tours ; à l'ouest, le Casque, la Brèche-de-Roland,
la fausse Brèche et le Taillon : c'est ce qu'il y a
de plus majestueux dans les Pyrénées, et sans
doute dans le monde.

L'excursion dure, aller et retour, neuf heures ;
pour l'exploration du cirque, un jour de plus. On
peut aller à cheval jusqu'au pied de la cascade.

LA BRÈCHE-DE-ROLAND.

Ce sont deux espèces de murailles qui se pro-
longent à un kilomètre environ, sur une hauteur

de plus de cent mètres, laissant entre elles une ouverture de cinquante mètres. — « La roche, dit M. de Chausenque, toute criblée de fissures, se délite en menus débris rectangulaires, et dans un temps peu éloigné, cette masse énorme ne peut manquer de s'écrouler. » — La course, en partant de Gavarnie, exige une journée.

LE PIMÈNÉ.

C'est de Gèdre aussi qu'on part quand on veut monter au Piméné : ce pic surmonte la montagne de Coumélie, située entre les vallons de Gavarnie et d'Estaubé, qu'elle domine. Du sommet du Piméné, la vue est plus étendue encore que du pic de Bergons : on distingue à droite les flèches et les glaciers du Vignemale ; au sud, le cirque et le port de Gavarnie, la Brèche-de-Roland, les cimes du Mont-Perdu ; à gauche, le cirque de Troumouse et la vallée de Héas, et vers le nord on voit Néoubieille, le Bergons, le Pic-du-Midi, la vallée d'Argelès et la plaine de Tarbes. — Il faut consacrer à cette course une journée entière.

LE MONT-PERDU.

Après la Maladetta, c'est le mont le plus élevé de la chaîne ; il est derrière le Marboré et appartient à l'Espagne. Ramond, qui, peut-on dire, a découvert les Pyrénées, atteignit, le premier, la cime du Mont-Perdu en 1802. Le touriste part de Gavarnie, monte à la Brèche-de-Roland, puis il tourne à gauche pour franchir le Pas-de-Bourette

et aller coucher à la cabane de Gaulis, au pied
même du Mont-Perdu. Le lendemain, on monte
vers la cime : après avoir contourné la base de la
tour de Gaulis, il faut gravir des fissures presque
verticales et d'un accès très difficile. Du haut de
ce pic, la vue est limitée à l'est, au nord et à
l'ouest par de très hautes montagnes ; mais, du
côté de l'Espagne, la perspective est immense. —
On peut opérer la descente et revenir à Gavarnie
le même jour. Deux guides sont indispensables.

LE PIC-DU-MIDI DE BIGORRE.

On part de Barèges, et l'on remonte la rive
gauche du Bastan pour suivre la route du Tourmalet jusqu'aux cabanes de Thou. On traverse les
maigres pâturages qui conduisent au lac d'Oncet,
et l'on arrive bientôt après à la Hourquette des
Cinq-Ours, où se trouve une hôtellerie. De là, on
monte en une heure jusqu'au sommet du pic.
Pour jouir du magnifique spectacle du lever du
soleil, on doit faire l'ascension pendant la nuit.
On peut la faire en chaise et à cheval. La course
exige, retour compris, environ sept heures.

LE LAC BLEU.

On suit encore la route du Tourmalet, que l'on
quitte en deçà des cabanes, pour monter par un
large vallon jusqu'au col d'Aube. Pour bien jouir
de la beauté du spectacle, on se dirige ensuite
vers le Pas-du-Bouc, d'où l'on plonge sur la nappe

azurée du lac. On peut faire la course à cheval ;
elle dure en tout six à sept heures.

LE PIC D'AYRÉ.

Pour gravir ce pic, qui domine Barèges, l'on
se dirige, par les beaux pâturages de Liens, vers la
promenade de l'Allée-Verte. De là on s'élève, en
quittant la forêt, et à travers des touffes d'arbustes,
jusqu'à une arête étroite placée entre deux abîmes.
Il faut la gravir, et bientôt après on atteint le sommet. On voit le Pic-du-Midi, la colossale structure
de Néoubieille, son grand glacier, ses trois pics,
et les nombreux lacs qui flanquent sa base. — On
peut faire la course en chaise ou à cheval ; elle
dure à peu près six heures, retour compris.

NÉOUBIEILLE.

L'ascension de ce pic est une des plus diffici-
les ; elle a été faite pour la première fois par M. de
Chausenque, le savant *descripteur* des Pyrénées,
dans les premières années de ce siècle. Du haut
de Néoubieille (neige vieille), on embrasse l'immense panorama des Hautes-Pyrénées ; le regard
plonge sur le cirque du Marboré, et le Pic-du-
Midi, qui, vu de la plaine, semble dominer les
autres montagnes, apparaît de là comme un pic
ordinaire. L'ascension et la descente durent à peu
près douze heures.

On va aussi de St-Sauveur et de Barèges aux pics d'Aubiste, d'Ereslitz, d'As-Blancs, de Bugaret, d'Escoubous, au Tourmalet, aux cirques de Troumouse et d'Estaubé, à Bagnères, à Cauterets, et jusqu'à St-Savin. On doit s'adresser aux guides.

GUIDES A LUZ.

Fourtané Dominique.
Fourtané Bernard.
Martin, père et fils.
Bellan père.
Noguès Arnaud.

RÈGLEMENT
CONCERNANT LES GUIDES, LES PORTEURS DE CHAISES ET LA LOCATION DES CHEVAUX.

Tarif des Guides. — Pic de Bergons, 5 fr.; pic de Nère, 6 fr.; pic de Léhiste, 6 fr.; Pic-du-Midi, 7 fr.; pic de Monné, 6 fr.; pic de Viscos, 6 fr.; lac d'Escoubous, 5 fr.; lac Bleu, 7 fr.; lac d'Ardiden, 6 fr.; de Luz à Barèges, 3 fr.; Tourmalet (la crête), 6 fr.; Gèdre, 4 fr.; Bué (la Fontaine), 6 fr.; Gavarnie (la cascade), 6 fr.; Cauterets, 6 fr.; Cauterets par la montagne, 7 fr.; Pierrefitte et Argelés, 5 fr.; St-Savin et Beaucens, 6 fr.; Gripp par la montagne, 7 fr.; Poueylahun (la chapelle), 7 fr.; Cirque de Troumouse, 6 fr.; col de la Canaou, 7 fr.; Hourquette du Cambieil, 7 fr.; Promenade de deux heures, 3 fr.; Bagnères-de-Bigorre, Eaux-Bonnes, Eaux-Chaudes, Bagnères-de-Luchon, et autres nécessitant plusieurs jours de course, 6 fr. par jour ; Brèche-de-Roland, Mont-Perdu, Cauterets par Vignemale, Pic de Néoubieille, Lac Vert, Pic-Vierge ou d'Estibère-Male, 10 fr. — Si on prend un cheval pour le guide, ce dernier aura un quart en moins pour le prix de la course ; mais son cheval sera payé par l'étranger.

Tarif des chevaux. — (Le départ a lieu de Luz ou de St-Sauveur.) Pic de Bergons, 5 fr.; pic de Nére, 5 fr.; pic de Lébiste, 5 fr.; Pic-du-Midi, 7 fr.; pic de Monné, 6 fr.; pic de Viscos, 6 fr.; lac d'Escoubous, 5 fr.; lac Bleu, 7 fr.; lac d'Ardiden, 6 fr.; Barèges (trois heures), 3 fr. : si on reste la journée, 4 fr.; Tourmalet (la crête), 6 fr.; Gèdre, 4 fr. 50 c.; Bué (la fontaine minérale), 6 fr.; Gavarnie (la cascade), 6 fr.; Cauterets, 6 fr.; Cauterets par la montagne, 6 fr.; Pierrefitte et Argelés, 5 fr. 50 c. ; St-Savin et Beaucens, 5 fr. 50 c. ; Gripp par la montagne, 7 fr. ; Poueylahun (la chapelle), 7 fr.; cirque de Troumouse, 7 fr.; col de la Canaou, 7 fr.; Hourquette du Cambieil, 7 fr.; Promenade de deux heures, 3 fr.; Bagnères-de-Bigorre, Eaux-Bonnes, Eaux-Chaudes, Bagnères-de-Luchon, et autres nécessitant plusieurs jours de course, 6 fr. par jour. — On paiera 50 centimes en plus par course ou par jour, lorsque le cheval devra avoir une selle de dame. — Les prix ci-dessus ne seront payés que pour les bons chevaux, c'est-à-dire pour ceux qui auront été reçus comme tels par la commission des guides.

Tarif des chaises à porteurs. — De Luz à St-Sauveur (aller seulement), 1 fr.; de Luz à St-Sauveur (aller et retour), 2 fr.; de Luz à Hontalade (aller), 1 fr. 25 c. ; de Luz à Hontalade (aller et retour), 2 fr. 50 c.; de St-Sauveur à Hontalade, 1 fr.; à Pierrefitte, 20 fr.; Pic de Bergons, 26 fr.; Gèdre, 20 fr.; Argelès, 25 fr.; Héas (la Chapelle), 40 fr.; Gavarnie (la Cascade), 40 fr.; Bué (fontaine minérale), 40 fr.; Lac d'Escoubous, 40 fr.; Cauterets, 40 fr.; Cirque de Troumouse, 46 fr.; Chapelle de Poueylahun, 46 fr.; Gripp, par la montagne, 50 fr.; Bagnères-de-Bigorre, 60 fr. (retour du lendemain y compris); Lac d'Ardiden, 46 fr.; Pic de Monné, 50 fr.; Brèche-de-Roland, Vignemale, Pic-du-Midi, 50 fr.; Fontaine ferrugineuse de Viscos, 4 fr.; Autres promenades, 4 fr.; Barèges-les-Bains, 10 fr. — Chaque chaise est desservie par quatre porteurs, et par deux pour les promenades. Si l'adjonction d'autres porteurs était jugée indispensable, les porteurs adjoints seront payés en raison du prix revenant à chacun des autres.

———

(Nous avons pris pour les guides, les chevaux et les chaises, le tarif *sans nourriture* du guide. Quand on lui fournit la nourriture, on déduit un franc sur le prix de la course.) — La liste que nous avons donnée plus haut des guides de Luz et de Barèges est incomplète. C'est en vain que nous l'avons demandée à une personne bien placée à Barèges pour nous la fournir

TARIF DES EAUX. — Extrait du Règlement.

Art. 1ᵉʳ. Les établissements thermaux appartenant à la vallée de Barèges sont désignés ainsi qu'il suit :

1° Les thermes de Barèges ;

2° Les thermes de St-Sauveur.

Les eaux de ces établissements sont administrées en boisson, bains et douches, d'après les tarifs suivants :

BARÈGES.

Boisson pour une personne et par séance, 5 c.

Abonnement à la boisson (durée du séjour), 2 fr.

Le prix de la grande bouteille d'eau, y compris le remplissage, bouchonnage, goudronnage et la capsule, est de 30 c.

Le prix de la petite bouteille, y compris tous ses accessoires, est de 20 c.

La grande bouteille ne dépassera pas un litre.

La petite bouteille ne dépassera pas demi-litre.

Le prix de la bouteille contenant moins d'un litre et plus d'un demi-litre, est de 25 c.

Les prix des bains et douches sont fixés ainsi qu'il suit :

Bains et douches, de 5 à 9 heures du matin inclusivement, 1 fr. 50 c.

Bains et douches, de 8 à 10 heures du soir inclusivement, 1 fr. 50 c.

Bains et douches hors les heures ci-dessus désignées, 1 fr. 25 c.

Bains aux piscines, de 5 à 8 heures du matin inclusivement, 1 fr. 25 c.

Bains le matin, de 9 à 10 heures exclusivement, et le soir à partir de 8 heures, 60 c.

Bains aux heures de la journée autres que celles désignées ci-dessus, 30 c.

Bains locaux, dans l'établissement, 20 c.

Bains locaux, à domicile, 60 c.

St-SAUVEUR.

Boisson pour une personne et par séance, 5 c.

Abonnement à la boisson (durée du séjour), 2 fr.

Bains et douches, de 6 à 9 heures du matin inclusivement, 1 fr. 50 c.

Bains et douches en dehors des heures ci-dessus désignées, 1 fr. 25 c.

Dans les prix ci-dessus fixés se trouvent compris tous les frais de préparation de bain, les soins des garçons et filles de bain, le chauffage du linge, et à Barèges l'éclairage des cabinets.

MÉDECINS CONSULTANTS A BARÈGES.

MM. Lebret, inspecteur.
    Balencie, adjoint.
    Baudens, médecin militaire.
    Vergez.

MÉDECINS CONSULTANTS A St-SAUVEUR.

MM. Charmasson de Puylaval, inspecteur.
    Lécorché, adjoint.
    Druène.
    Fabas.

SERVICE DES POSTES.

Premier ordinaire.

ALLER.

Départ de Tarbes.	9 h. 30 matin.
Arrivée à Cauterets.	2 h. soir.
Arrivée à Luz-St-Sauveur. .	2 h. soir.
Arrivée à Barèges.	3 h. 30 soir.

RETOUR.

Départ de Cauterets.	9 h. 30 matin.
Départ de Luz-St-Sauveur .	10 h. matin.
Départ de Barèges	9 h. matin.
Arrivée à Tarbes.	2 h. soir.

Deuxième ordinaire.

ALLER.

Départ de Tarbes.	3 h. soir.
Arrivée à Cauterets.	8 h. soir.
Arrivée à Luz-St-Sauveur. .	8 h. soir.
Arrivée à Barèges.	9 h. soir.

RETOUR.

Départ de Cauterets.	10 h. soir.
Départ de Barèges.	10 h. soir.
Départ de Luz-St-Sauveur. .	11 h. soir.
Arrivée à Tarbes.	3 h. matin.

DILIGENCES.

Plusieurs diligences font le service journalier de Tarbes à Cauterets, à St-Sauveur, à Barèges, *et vice versâ*. Elles partent le matin à sept heures.

P. S. — On nous assure qu'on organise en ce moment un service quotidien d'omnibus de Cauterets à Gavarnie par Luz et St-Sauveur.

DE BARÈGES A BAGNÈRES-DE-BIGORRE

EN VOITURE, PAR LE TOURMALET.

Une belle et toute nouvelle excursion, c'est d'aller de St-Sauveur ou de Cauterets à Bagnères-de-Bigorre, par la route thermale carrossable qui relie maintenant cette station avec Barèges, en passant par le col du Tourmalet. On met sept heures à faire ce trajet; au reste, la longueur de la course est subordonnée au temps qu'on emploie à admirer les beaux paysages qui s'offrent quand on descend du Tourmalet vers Gripp. On s'arrête aux cabanes de Tramesaïgues pour voir de près le Pic-du-Midi; un peu plus loin, et avant de toucher à Gripp où l'on déjeûne ordinairement, on remarque, à droite, les belles cascades de Tramesaïgues et de Garet.

En terminant, nous devons mentionner les autres établissements thermaux des Hautes-Pyrénées, dont nous n'avons pu nous occuper dans cette première édition de notre *Guide :* Bagnères-de-Bigorre, Labassère, Capvern, Gazost, Germs, Labarthe, Siradan, Sainte-Marie et Cadéac. — Bagnères se place au premier rang; c'est une petite ville élégante, dans un beau site, et très riche en sources minérales; elle a de plus le talent d'en tirer tout le parti possible : bains, douches de toute espèce, buvettes, bains russes, vaporarium, bains à l'hydrefère, rien n'y manque. De plus, Bagnères se propose d'utiliser quelques sources propres aux piscines. — Le touriste se plaît à Bagnères, qui possède un casino bien monté, un théâtre desservi par une bonne troupe, et, qui

plus est, une société dont l'exquise urbanité n'est
jamais prise en défaut par la foule bien portante
qui cherche les plaisirs, et qui suit ordinairement
aux eaux la foule des malades, assez heureuse,
elle, de recouvrer avec la santé un peu de cette
joie qui éclate de toutes parts dans ce charmant
séjour de Bagnères.

Pour les personnes qui désirent se loger loin
du bruit des hôtels, il y a à Cauterets, à Luz, à
St-Sauveur et à Barèges, un grand nombre de
maisons particulières que les propriétaires louent
pendant la saison thermale, en bloc ou par appar-
tements séparés, et seulement pour le temps qu'on
se propose de séjourner aux eaux. — Il en est de
même à Bagnères-de-Bigorre.

ALTITUDES.

La hauteur de Tarbes au-dessus de la mer est de 311m50, prise au pied de la tour des Carmes, d'après M. Petiel, ingénieur géographe.

La hauteur de Pierrefitte, prise au coin de l'hôtel de la poste par M. Lefranc, ancien ingénieur en chef, est sur Tarbes de 186m, et au-dessus de la mer, de 497m50.

La hauteur de St-Sauveur au-dessus de la mer est de 732m.

La hauteur de Barèges au-dessus de la mer est de 1232m

La hauteur de Cauterets, prise sur la place, au coin de l'hôtel du Parc, est de 622m sur Tarbes, et, sur la mer, de 932m.

La hauteur de La Raillère est de .	1047m
Celle du bain du Bois.	1142
Celle du pont d'Espagne	1504
Celle du lac de Gaube.	1751
Celle du pic de Viscos.	2142
Celle du pic de Bergons.	2710
Celle du Monné.	2752
Celle du Piméné	2803
Celle de la Brèche-de-Roland..	2804
Celle du Pic-du-Midi de Bigorre .	2876
Celle des tours du Marboré	2933
Celle de Neoubicille.	3155
Celle du pic du Marboré.	3253
Celle du Vignemale.	3298
Celle du cylindre du Marboré .	3327
Celle du Mont-Perdu.	3350
Celle du pic de Nethou, le plus élevé de la Maladetta.	3404

TABLE DES MATIÈRES.

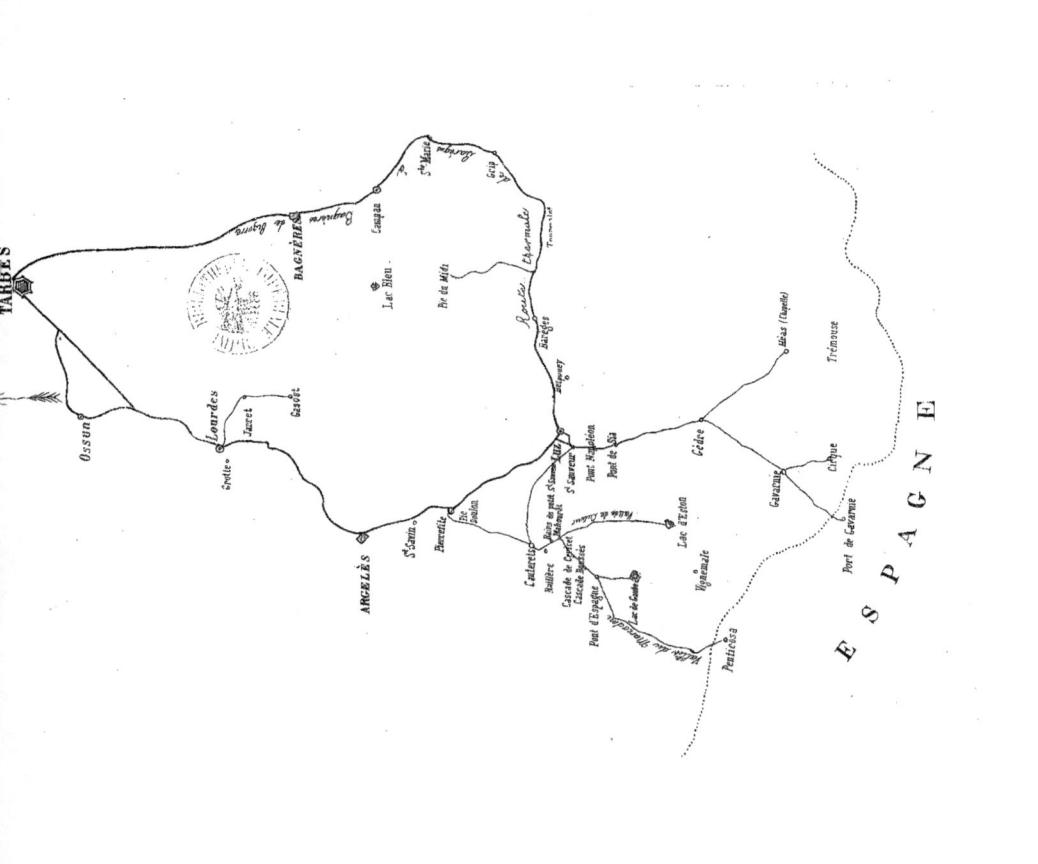

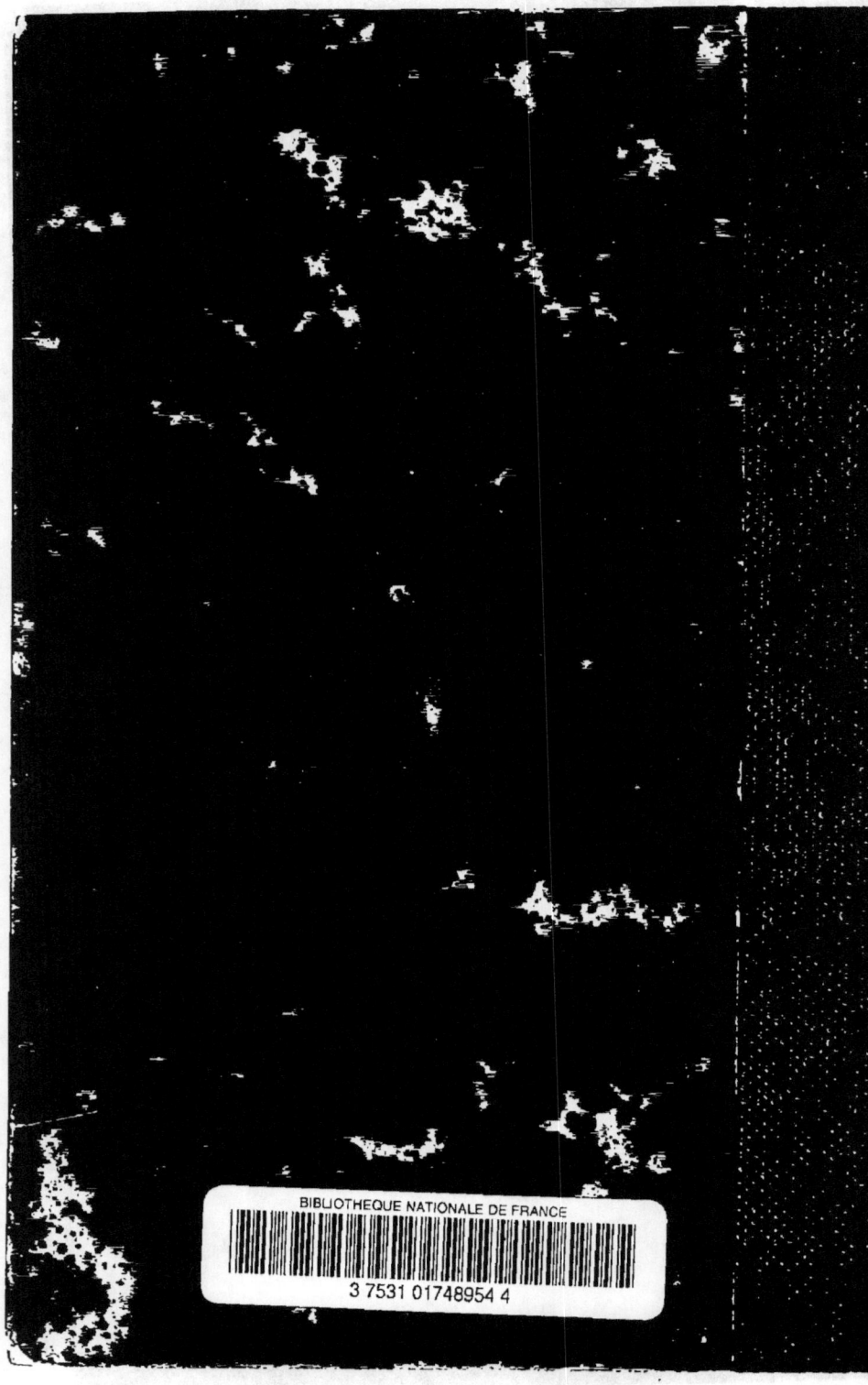